Gramática e Ortografia

Hermínio Sargentim

Volume 1

Ensino Fundamental

2ª edição
São Paulo
2015

Coleção Eu gosto m@is
Gramática e Ortografia – Volume 1
© IBEP, 2015

Diretor superintendente	Jorge Yunes
Diretora editorial	Célia de Assis
Gerente editorial	Maria Rocha Rodrigues
Coordenadora editorial	Simone Silva
Assessoria pedagógica	Valdeci Loch
Analista de conteúdo	Cristiane Guiné
Assistente editorial	Fernanda Santos, Bárbara Vieira
Coordenadora de revisão	Helô Beraldo
Revisores	Beatriz Hrycylo, Cássio Dias Pelin, Fausto Alves Barreira Filho, Luiz Gustavo Bazana, Rosani Andreani, Salvine Maciel
Secretaria editorial e Produção gráfica	Fredson Sampaio
Assistentes de secretaria editorial	Carla Marques, Karyna Sacristan, Mayara Silva
Assistentes de produção gráfica	Ary Lopes, Eliane Monteiro, Elaine Nunes
Coordenadora de arte	Karina Monteiro
Assistentes de arte	Aline Benitez, Gustavo Prado Ramos, Marilia Vilela, Thaynara Macário
Coordenadora de iconografia	Neuza Faccin
Assistentes de iconografia	Bruna Ishihara, Camila Marques, Victoria Lopes, Wilson de Castilho
Ilustradores	José Luís Juhas, Imaginário Stúdio, Eunice/Conexão, João Anselmo e Izomar
Processos editoriais e tecnologia	Elza Mizue Hata Fujihara
Projeto gráfico e capa	Departamento de Arte – Ibep
Ilustração da capa	Manifesto Game Studio
Diagramação	SG-Amarante Editorial

CIP-BRASIL. CATALOGAÇÃO-NA-FONTE
SINDICATO NACIONAL DOS EDITORES DE LIVROS, RJ

S251g
2.ed.

Sargentim, Hermínio G. (Hermínio Geraldo), 1946-
   Gramática e ortografia: ensino fundamental, volume 1 / Hermínio Sargentim. –
2. ed. – São Paulo : IBEP, 2015.
     il. ; 28 cm   (Eu gosto mais)

   ISBN 978-85-342-4443-5 (aluno) / 978-85-342-4444-2 (mestre)

   1. Língua portuguesa – Gramática. I. Título. II. Série.

15-21468   CDD: 372.6
                                      CDU: 373.3.016:811.134.3

31/03/2015   06/04/2015

2ª edição – São Paulo – 2015
Todos os direitos reservados

Av. Alexandre Mackenzie, 619 – Jaguaré
São Paulo – SP – 05322-000 – Brasil – Tel.: (11) 2799-7799
www.editoraibep.com.br   editoras@ibep-nacional.com.br

Impressão - Gráfica Mercurio S.A. - Agosto 2024

APRESENTAÇÃO

[...]
Bola, papagaio, pião
de tanto brincar
se gastam.

As palavras não:
quanto mais se brinca
com elas
mais novas ficam.

José Paulo Paes. *Poemas para brincar*.
São Paulo: Ática, 1991.

SUMÁRIO

LIÇÃO	GRAMÁTICA	PÁGINA	ORTOGRAFIA	PÁGINA
1	Letra e alfabeto	7	Palavras com t/d	11
2	Letra maiúscula e letra minúscula	14	Palavras com p/b	19
3	Vogais e consoantes	22	Palavras com f/v	26
4	Sílaba	30	Palavras com je/ji	33
5	Número de sílabas	36	Palavras com ge/gi	39
6	Til	42	Palavras com ce/ci	45
7	Cedilha	48	Palavras com ça/ço/çu	51
8	Acento agudo	54	Palavras com r	57
9	Acento circunflexo	61	Palavras com ar/er/ir/or/ur	64
10	Nome das coisas	67	Palavras com s	71
11	Frase afirmativa e frase negativa	75	Palavras com ss	78
12	Frase interrogativa	81	Palavras com as/es/is/os/us	84

LIÇÃO	GRAMÁTICA	PÁGINA	ORTOGRAFIA	PÁGINA
13	Frase exclamativa	87	Palavras com az/ez/iz/oz/uz	90
14	Tipos de ponto	93	Palavras com h inicial	96
15	Características dos nomes	99	Palavras com ch	102
16	Nome de pessoas	105	Palavras com lh	108
17	Nome de animais	111	Palavras com nh	114
18	Letra maiúscula	117	Palavras com am/em/im/om/um	120
19	A vírgula	123	Palavras com an/en/in/on/un	126
20	Travessão e dois-pontos	129	Palavras com al/el/il/ol/ul	132
21	Masculino e feminino	135	Palavras com au/eu/iu/ou	138
22	Singular e plural	141	Palavras com gue/gui, que/qui	144
23	Características das pessoas	148	Palavras com br/cr/dr/fr/gr/pr/tr/vr	151
24	Palavras que indicam ação	155	Palavras com bl/cl/fl/gl/pl/tl	158

Letra e alfabeto

Para escrever as palavras, você usa letras.

COM **A**, ESCREVO **A**MOR.
COM **P**, ESCREVO **P**AIXÃO.
COM **M**, ESCREVO **M**ARIA.
MARIA DO MEU CORAÇÃO.

DOMÍNIO PÚBLICO.

Existem, na língua portuguesa, **26 letras**.

O conjunto dessas letras recebe o nome de **alfabeto**.

ATIVIDADES

1 Escreva as letras do alfabeto que faltam.

A	B	C		E	F	
	I	J	K	L		N
O	P		R		T	U
	W	X		Z		

2 Todos nós temos um nome. Você também tem um nome. Escreva-o abaixo.

[_____]

a) Com que letra ele começa? [ ]

b) Com que letra ele termina? [ ]

c) Quantas letras ele tem? [ ]

d) Há alguma letra repetida? Qual? [ ]

3 Em sua sala de aula, há muitos objetos.

   a) Escreva o nome de alguns desses objetos.

   _____

   _____

   b) Agrupe esses objetos de acordo com a letra inicial do nome deles.

   _____

   _____

4 Escreva nomes de frutas que comecem com as letras abaixo.

   M _____

   A _____

   L _____

5 Leia o trava-língua e complete com as palavras que faltam.

   O doce perguntou pro _____

   qual é o _____ mais _____.

   O _____ respondeu pro _____

   que o _____ mais _____

   É o _____ de batata-_____.

   Que palavra se repete várias vezes no trava-língua? Quantas vezes ela aparece?

   _____

GRAMÁTICA E ORTOGRAFIA

ORTOGRAFIA 1 — Palavras com t/d

CONVERSA

QUANDO UM TATU
ENCONTRA OUTRO TATU
TRATAM-SE POR TU:
– COMO ESTÁS TU, TATU?
– EU ESTOU BEM E TU, TATU?

SIDÔNIO MURALHA E FERNANDO LEMOS. *A TELEVISÃO DA BICHARADA*.

PALAVRAS COM T

canive**t**e	pali**t**o	**t**ela
ga**t**o	pa**t**o	**t**eto
ma**t**o	pe**t**eca	**t**itio
minu**t**o	ra**t**o	**t**omate
ne**t**o	**t**atu	**t**opete

ELA ESTÁ NA NOTA DÓ,
ESTÁ NO DEDO E NO DEDAL.
NO DRAGÃO, NO DOMINÓ,
NO DIAMANTE E NO DEGRAU.

MAURICIO DE SOUSA E CRISTINA PORTO,. *ABC DA MÔNICA*.

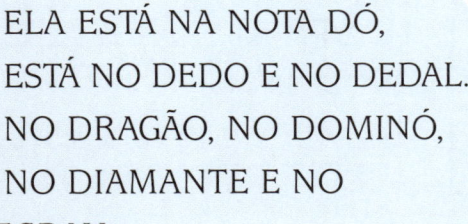

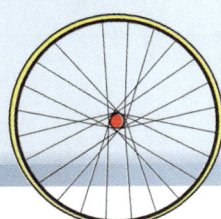

PALAVRAS COM D

bo**d**e	**d**oi**d**o	mo**d**a
da**d**o	**d**uro	mu**d**a
de**d**al	fa**d**a	poma**d**a
de**d**o	gea**d**a	ro**d**a
dia	me**d**i**d**a	vi**d**a

11

ATIVIDADES

1 Escreva os nomes das figuras.

_____

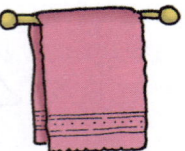

_____

_____

_____

_____

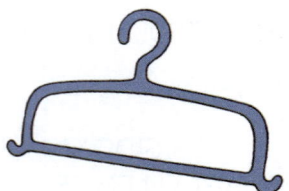

_____

2 Ordene as sílabas e forme palavras.

a) MA   DA   PO   _____

b) NI   CA   TE   VE   _____

c) LI   PA   TO   _____

d) LE   NE   FO   TE   _____

e) PE   CA   TE   _____

3 *Stop* de ordem alfabética. Organize as letras em ordem alfabética. Quem terminar primeiro grita *stop* e vence o jogo.

Q W E R T Y U I O P A S D F G H J K L Z X C V B N M

_____

_____

_____

4 Complete a modinha com famílias de sílabas.

EU JÁ NÃO SOU IGNORANTE,
SEI O BA, ____, ____, BO, ____.
MEU CORAÇÃO PALPITANTE
AO PÉ DO TERNO PASTOR
QUANDO SE FALA D'AMOR
JÁ FAZ ____, ____, ____, ____, ____.

ADAPTADO DE: REVISTA *CIÊNCIA HOJE DAS CRIANÇAS*, N. 190.

5 Invente e escreva uma historinha em que apareçam as palavras do quadro abaixo.

TATU – DIA – MATO – RATO – TOCA

_____

_____

_____

_____

_____

GRAMÁTICA 2
Letra maiúscula e letra minúscula

Observe as letras que foram usadas nos textos abaixo.

ELE É O SUPERCÃO

Bolt, o cachorro que sonha ser herói, ganha superpoderes em novo *game*

O Estado de S. Paulo, 24 jan. 2009.

Nos textos que você leu, algumas palavras foram escritas com letras maiúsculas e outras, com letras minúsculas.

As letras maiúsculas foram usadas principalmente para chamar mais a atenção do leitor. Por isso, podem aparecer:

1. em títulos de livros:

2. em manchetes de jornais:

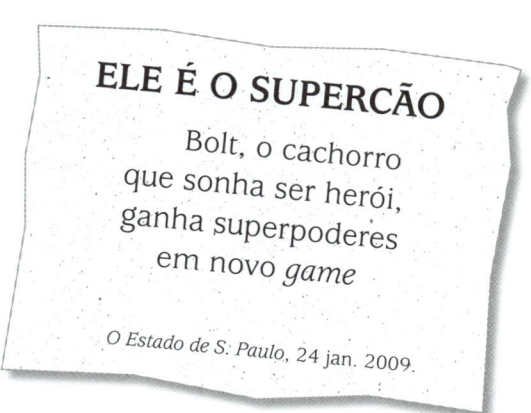

O Estado de S. Paulo, 24 jan. 2009.

3. em cartazes:

O alfabeto pode ser maiúsculo ou minúsculo.

Alfabeto maiúsculo

A	B	C	D	E	F	G	H	I
J	K	L	M	N	O	P	Q	R
S	T	U	V	W	X	Y	Z	

Alfabeto minúsculo

a	b	c	d	e	f	g	h	i
j	k	l	m	n	o	p	q	r
s	t	u	v	w	x	y	z	

1 Leia a história. Depois, dê um título para ela, usando apenas letras maiúsculas.

_____

A RAPOSA PULOU. NÃO PEGOU. PULOU. NÃO PEGOU.
A RAPOSA FALOU:
— EU VOU PARA CASA. A UVA NÃO PARECE MADURA.

HERMÍNIO SARGENTIM.
TEXTO ESCRITO ESPECIALMENTE PARA ESTA OBRA.

2 Descubra o que é. Pinte apenas os espaços que têm letra maiúscula.

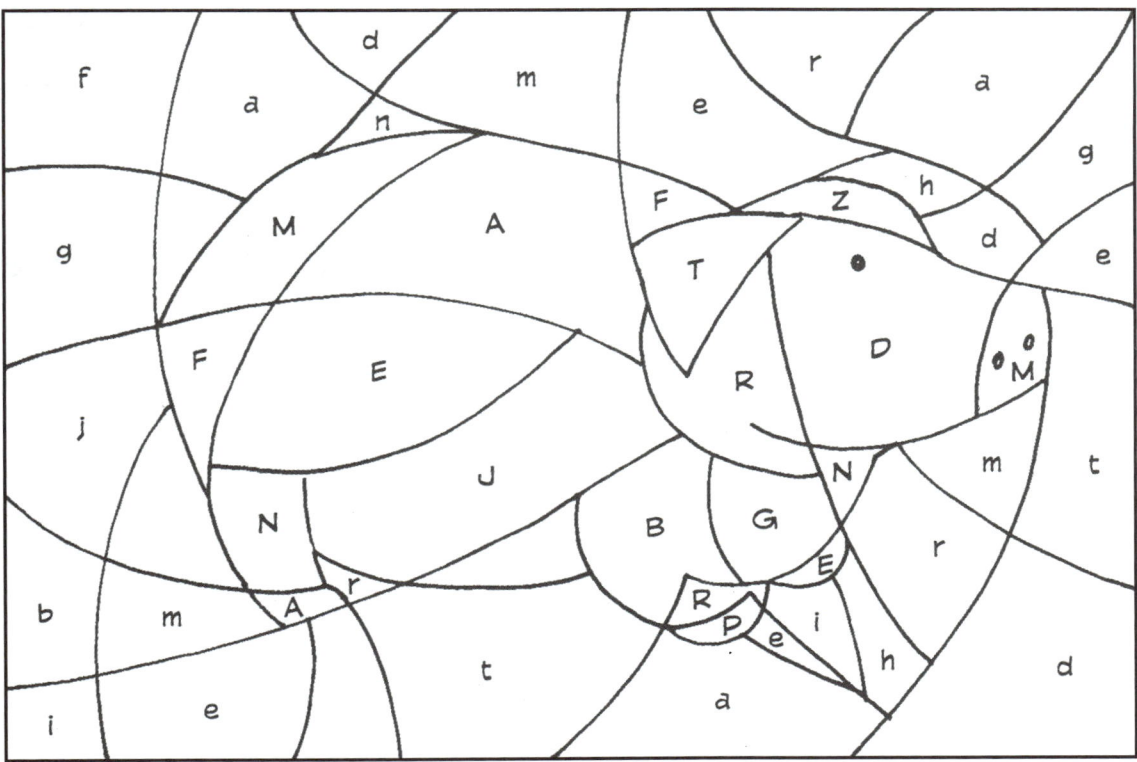

3 Escreva o nome do que se pede.

a) De uma pessoa de quem você gosta muito:

_____

b) Da cidade onde você mora:

_____

c) De um rio que passa pela sua cidade:

_____

d) Da rua onde você mora:

_____

e) De um livro que você leu:

_____

4 Observe os nomes que você escreveu no exercício anterior.

a) Esses nomes começam com letra maiúscula ou minúscula?

_____

b) A partir do que observou, escreva uma conclusão sobre o uso da letra maiúscula.

_____

_____

_____

_____

GRAMÁTICA E ORTOGRAFIA

ORTOGRAFIA 2

Palavras com p/b

SE O PAPA PAPASSE PAPA.
SE O PAPA PAPASSE PÃO.
O PAPA PAPAVA TUDO
E SERIA O PAPA PAPÃO.

ANDRÉ DE CARVALHO.
COMO BRINCAR À MODA ANTIGA.

ELA ESTÁ NA BORBOLETA,
  NA BARRIGA DO BIDU.
  VEM TAMBÉM NO SEU BIGODE
  E NA BOMBA DO BUGU.

MAURICIO DE SOUSA E CRISTINA PORTO. *ABC DA MÔNICA*.

PALAVRAS COM P

ci**p**ó	**p**iloto	sa**p**ato
ji**p**e	**p**oesia	to**p**ete
palito	**p**oluir	tu**p**i
pato	**p**omada	
pele	**p**orta	
peteca	**p**ortão	
picada	**p**ovo	
picolé	**p**ular	

PALAVRAS COM B

a**b**acate	**b**i**b**elô	**b**ota
babá	**b**igode	**b**otina
balão	**b**ingo	**b**uraco
bê**b**ado	**b**obo	ja**b**uti
beber	**b**omba	sa**b**ão
be**b**ida	**b**onito	uru**b**u

ATIVIDADES

1 Leia e depois copie as palavras do quadro abaixo na coluna certa.

> PIADA   BEXIGA   BICICLETA   PIPOCA
> PIMENTA   BENGALA   BISCOITO   PATETA   BIGODE
> BOMBEIRO   APONTADOR   ABACAXI

B	P
_____	_____
_____	_____
_____	_____
_____	_____

2 Complete as frases com as palavras do quadro.

> EMPADA   BOLO   ABACAXI   PIPOCA   BEXIGA

a) Cada criança ganhou uma _____ colorida.

b) Na hora do lanche, eu comi uma _____ gostosa.

c) O _____ parece maduro.

d) Naquela festa havia _____ e _____.

20 GRAMÁTICA E ORTOGRAFIA

3 Escreva uma frase com as palavras abaixo.

bombeiro

_____

_____

bicicleta

_____

_____

papagaio

_____

_____

4 Vamos caçar as palavras que estão no quadro abaixo.

BEXIGA   PIMENTA   PERA   POLENTA   PEDÁGIO
POTE   BISCOITO   POSTE   PIADA   BONÉ   PREGO

T	Á	G	Q	P	I	M	E	N	T	A	A	B	L	A
A	B	A	R	R	S	O	A	Z	I	P	X	I	Z	P
E	B	P	D	E	Á	P	L	E	N	T	S	S	E	Z
P	E	D	Á	G	I	O	N	Á	O	L	E	C	T	I
I	X	P	E	O	S	L	S	E	S	T	P	O	T	E
A	I	B	I	G	O	E	P	S	C	Ó	Z	I	S	S
A	G	O	E	B	O	N	É	C	P	O	S	T	E	A
O	A	V	S	R	P	T	E	Á	E	R	E	O	P	T
E	C	O	L	R	I	A	F	I	R	I	P	A	Z	L
P	R	Á	C	A	G	E	P	I	A	D	A	O	T	N

Vogais e consoantes

Para falar as palavras, você usa sons.

Existem dois tipos de sons: **vogais** e **consoantes**.
As vogais são cinco.

As consoantes são 21.

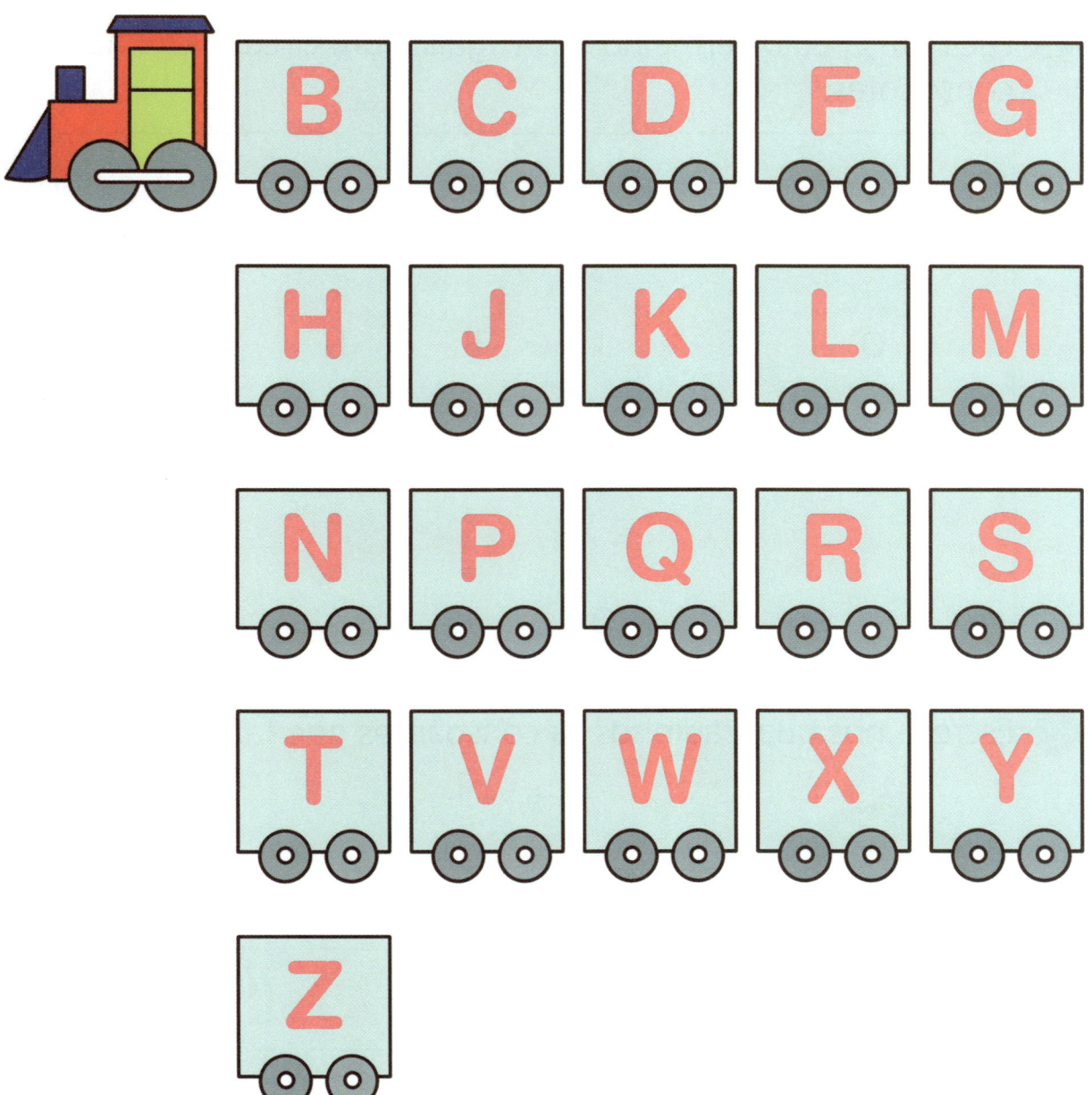

Em toda palavra, existe vogal.

garoto

ioiô

eu

Aurora

ATIVIDADES

1 Faça um círculo vermelho nas vogais e um círculo azul nas consoantes.

U	J	A	I	H	G	P
O	C	I	B	N	D	
M	S	F	V	R	T	
	Z	Q	E	X		

2 Escreva nos quadradinhos as consoantes que faltam.

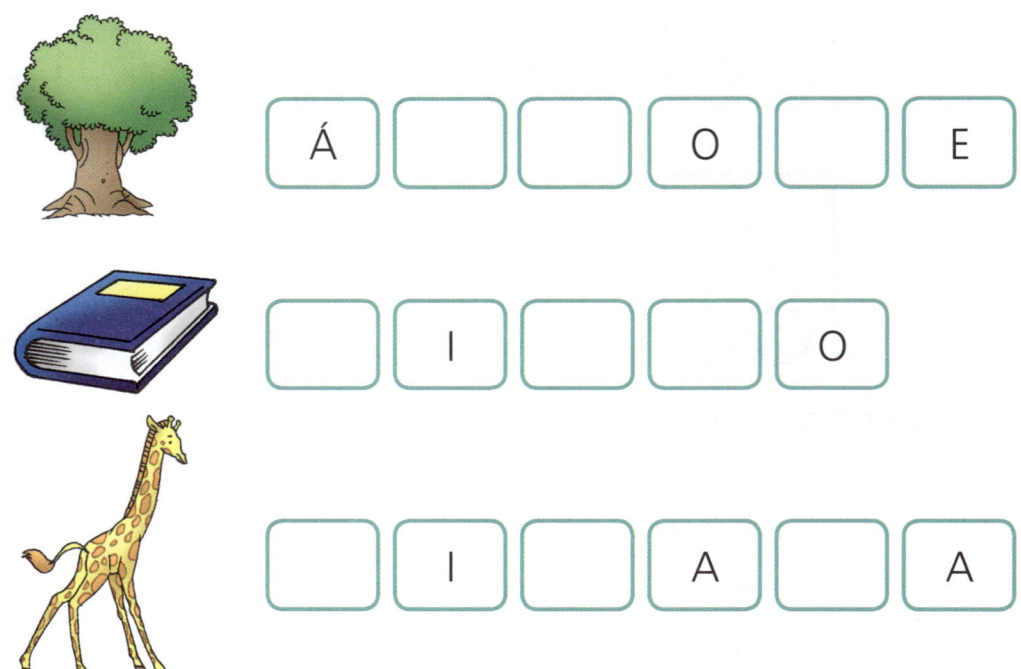

3 Coloque uma vogal em cada vagão.

4 Descubra o que diz o bilhete, substituindo os símbolos pelas vogais.

🪐 = a
⭐ = e
☀ = i
♥ = o
🦋 = u

M🪐M🪐⭐
⭐ST♥🦋 C♥M S🪐🦋D🪐D⭐ D⭐ V♥CÊ.
V♥LT⭐ L♥G♥ P🪐R🪐 C🪐S🪐.
PR⭐C☀S♥ LH⭐ C♥NT🪐R S♥BR⭐ M☀NH🪐 N♥V🪐 PR♥F⭐SS♥R🪐.
B⭐☀J♥S!,
M🪐R☀N🪐

_____
_____
_____
_____

Palavras com f/v

FAVELA

A FADA VIU A FAVELA.
A FADA FALOU:
– FICA BONITA, FAVELA.

A FAVELA FICOU BONITA.
VEIO A COMIDA.
ACABOU A FOME.

HERMÍNIO SARGENTIM. TEXTO ESCRITO ESPECIALMENTE PARA ESTA OBRA.

PALAVRAS COM F

bi**f**e	**f**ilho
caci**f**e	**f**oca
fábula	**f**o**f**o
face	**f**o**f**ura
favela	**f**ogo
fechar	**f**ôlego
ferro	**f**ubá
fígado	pati**f**e
figura	xeri**f**e

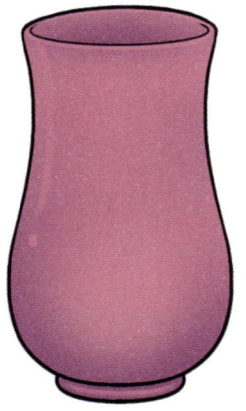

PALAVRAS COM V

a**v**enida	**v**ela
vaca	**v**eludo
vacina	**v**eneno
vaidoso	**v**iagem
vareta	**v**iola
varíola	**v**isitar
vaso	**v**itória
vatapá	**v**iú**v**o
vazio	**v**o**v**ô

ATIVIDADES

1 Copie, em seu caderno, o texto "Favela", da página 26. Circule as letras **f** e sublinhe as letras **v** que nele aparecem.

2 Escreva o nome de algumas coisas de sua casa escritas com a letra **f**.

_____

_____

3 Complete as palavras com **v** ou **f**.

☐ ela ☐ eneno ☐ ontade

para ☐ uso ☐ oguete gar ☐ o

4 Descubra novas palavras trocando o **v** por **f**. VACA → FACA

vila _____ vala _____

voto _____ viga _____

veia _____ venda _____

5 Forme palavras, combinando as sílabas **fa** e **va** com as sílabas que estão nos quadrinhos.

FA			
RI	CA	VE	NHA
LA	DA	BRI	ZEN

VA			
LE	CA	RA	LO
RAL	DO	MAL	TE

28 GRAMÁTICA E ORTOGRAFIA

_____   _____
_____   _____
_____   _____
_____   _____
_____   _____

6 Observe o quadro de sílabas.

FO   FO   FI   CA   FO   JÃO   FU   FEI

LHA   TO   GO   NIL   FÉ   FU   RO   GÃO

Forme palavras usando figuras iguais e escreva-as abaixo.

_____   _____
_____   _____
_____   _____
_____   _____

7 Agora, escreva as palavras nos quadros correspondentes, de acordo com as sílabas indicadas.

FO	FI	FU	FE

GRAMÁTICA 4

Sílaba

> OLHA A PALMA, PALMA, PALMA
> OLHA O PÉ, PÉ, PÉ
> OLHA A RODA, RODA, RODA
> CARANGUEJO PEIXE É.
>
> DOMÍNIO PÚBLICO.

Quando você fala uma palavra, abre a boca uma ou mais vezes.

Cada vez que você abre a boca, diz um pedacinho da palavra. Cada pedacinho da palavra recebe o nome de **sílaba**.

ATIVIDADES

1 Forme palavras com as sílabas do quadro.

| VA | LO | TA | RA | BO | CA |

_____

_____

_____

2 Junte as sílabas e forme palavras para completar as frases.

1	2	3	4	5
BO	CA	RI	LO	FE

6	7	8	9	10
DO	QUE	PER	RES	DI

a) Paulo adora _____ .
             (1 + 4)

b) Meu pai tirou um _____ e ficou com o dedo
                  (2 + 4)

_____ .
  (5 + 3 + 6)

c) Meu _____ cachorro está _____ .
        (7 + 3 + 6)   (8 + 10 + 6)

d) Eu sinto muitas _____ na _____ .
                 (6 + 9)   (1 + 2)

31

3 Ordene as sílabas e forme palavras.

DU	VER	RA
LAN	CI	ME	A
CO	TE	CHO	LA
FO	TE	NE	LE

_____

4 Preencha os espaços com as sílabas dos quadrinhos e complete a cantiga.

| DO | RE | GO | BO | PA | LU | SE | VEM |

A LUA VEM SAINDO

A _____A QUE _____ SAINDO

_____DONDA COMO UM _____TÃO,

CALÇAN_____ MEIA DE _____DA,

SA_____TINHO DE AL_____DÃO.

DOMÍNIO PÚBLICO.

ORTOGRAFIA 4

Palavras com je/ji

SUSTO

— QUE É ISSO NO SEU JACÁ? É UMA JACA OU UM CAJÁ? — PERGUNTA O JECA, ESPANTADO, APONTANDO COM O CAJADO PARA O JACÁ DO "SEU" JUCA, AO PÉ DE JACA AMARRADO.

SÔNIA MIRANDA.
PRA BOI DORMIR.

PALAVRAS COM JE

berin**je**la	**je**rimum
gor**je**ta	la**je**
ho**je**	laran**je**ira
in**je**ção	ma**je**stade
jeito	pa**jé**
jejum	su**je**ira
jesuíta	**je**nipapo

PALAVRAS COM JI

an**ji**nho	**ji**ló
can**ji**ca	**ji**pe
jiboia	lo**ji**sta

ATIVIDADES

1 Complete as frases com as palavras do quadro abaixo.

> JIBOIA   JIPE   LAJE   HOJE   LOJA   BERINJELA
> LARANJA   JEJUM   JEITO   PAJÉ   JILÓ   CANJICA

a) _____ eu vou ficar em _____. Não vou beber suco de _____, nem comer _____, _____ ou _____.

b) O _____ parou embaixo da _____ da _____.

c) Com muito _____, o _____ tirou a _____ enrolada na árvore.

2 Vamos encontrar palavras escritas com **je/ji**.

> JIBOIA   JIPE   JILÓ   GORJETA
> JEITO   JENIPAPO   JEJUM   LAJE

R	X	A	Ó	L	A	J	E	B	I	J	E	B
S	R	R	T	O	T	I	V	J	E	I	T	O
J	E	N	I	P	A	P	O	T	A	B	I	U
E	O	U	J	A	M	E	V	I	J	O	B	M
J	I	L	Ó	N	A	R	F	G	R	I	Q	R
U	R	G	O	G	O	R	J	E	T	A	U	P
M	S	T	B	C	N	J	Á	T	M	D	B	E

3 Complete com **ja**, **je**, **ji**, **jo** ou **ju**.

_____elho   _____to   _____nela

_____caré   _____iz   _____buticaba

_____boia   _____rnal   _____rra

_____vali   _____doca   _____queta

Número de sílabas

GRAMÁTICA 5

Uma palavra pode ter:

a) uma sílaba

mão 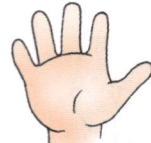 mão

b) duas sílabas

sapo  sa – po

c) três sílabas

boneca  bo – ne – ca

d) quatro ou **mais sílabas**

telefone  te – le – fo – ne

rinoceronte  ri – no – ce – ron – te

ATIVIDADES

1 Separe as palavras em sílabas. Depois, escreva o número de sílabas. Veja o modelo.

PALAVRAS	SEPARAÇÃO DE SÍLABAS	NÚMERO DE SÍLABAS
TRABALHO	TRA-BA-LHO	TRÊS SÍLABAS
CIDADE		
PAPEL		
BICICLETA		
COR		
FAVELA		
PLANTA		

2 Vamos adivinhar?

a) Sou docinho e gelado. Apreciado por todas as crianças. Três são minhas sílabas.

Sou o _____ – _____ – _____.

b) Sou redondinha. Pulo bastante. As crianças gostam de me chutar. Tenho duas sílabas.

Sou a _____ – _____.

3 Leia o texto e faça o que se pede.

IMPOSSÍVEL

BIGODINHO,
PASSARINHO,
TEM UM NINHO.

PODE
TER UM NINHO,
PODE.

SÓ NÃO PODE
TER BIGODE
O BIGODINHO

SIDÔNIO MURALHA. *A DANÇA DOS PICA-PAUS*.
SÃO PAULO: GLOBAL, 1997.

Procure no texto:

a) duas palavras com uma sílaba:
_____

b) duas palavras com duas sílabas:
_____

c) uma palavra com três sílabas:
_____

d) três palavras com quatro sílabas:
_____

ORTOGRAFIA 5 — Palavras com ge/gi

Cebolinha — O MÁGICO

PALAVRAS COM GE

baga**ge**m	**gê**nio
carrua**ge**m	**ge**nro
cora**ge**m	**ge**nte
geada	**ge**ografia
gelado	**ge**rente
gelatina	**ge**sso
geleia	**ge**sto
gelo	ima**ge**m
gema	lava**ge**m
gemada	li**ge**iro
gêmeo	su**ge**stão
gemido	ti**ge**la
general	via**ge**m

PALAVRAS COM GI

a**gi**r	**gi**ncana
a**gi**tado	**gi**rafa
ar**gi**la	**gi**rar
biolo**gi**a	**gi**rassol
fu**gi**tivo	**gí**ria
gibi	**gi**rino
gigante	**gi**z
gilete	ma**gi**a
ginásio	má**gi**co
ginasta	pá**gi**na
ginástica	pedá**gi**o

ATIVIDADES

1) Troque os símbolos pelas sílabas e forme palavras.

2	1	J	S	X	V
GEN	GE	NA	RA	LA	GI

M	R	N	H	L	D
PA	TE	FA	MA	DA	A

1H _____   1XL _____

2R _____   1DL _____

MVJ _____   VS-VS _____

VSN _____   1HL _____

2) Complete as frases com as palavras do quadro.

REGINA   GEMAS   GÊMEAS
GELADEIRA   MÁGICO   EUGÊNIA

a) Eu sou o _____, trabalho no circo e faço desaparecer coisas.

b) _____ e _____ são _____.

c) As _____ dos ovos estão guardadas na _____.

GRAMÁTICA E ORTOGRAFIA

3 Complete com **ge/gi**.

____gante   ____neral   ____mido

____lado   tan____rina   pá____na

____lete   ____latina   ____násio

ar____la   ____lo   ____nio

4 Cruzadinha da família.

1. Filha de seu tio.
2. Filha de seu avô, que não é sua tia.
3. Filho de sua tia.
4. Filho de seu pai.
5. Filho de sua avó, que não é seu tio.
6. Pai de seu pai.
7. Irmão de seu pai.
8. Mãe de sua mãe.
9. Irmã de sua mãe.

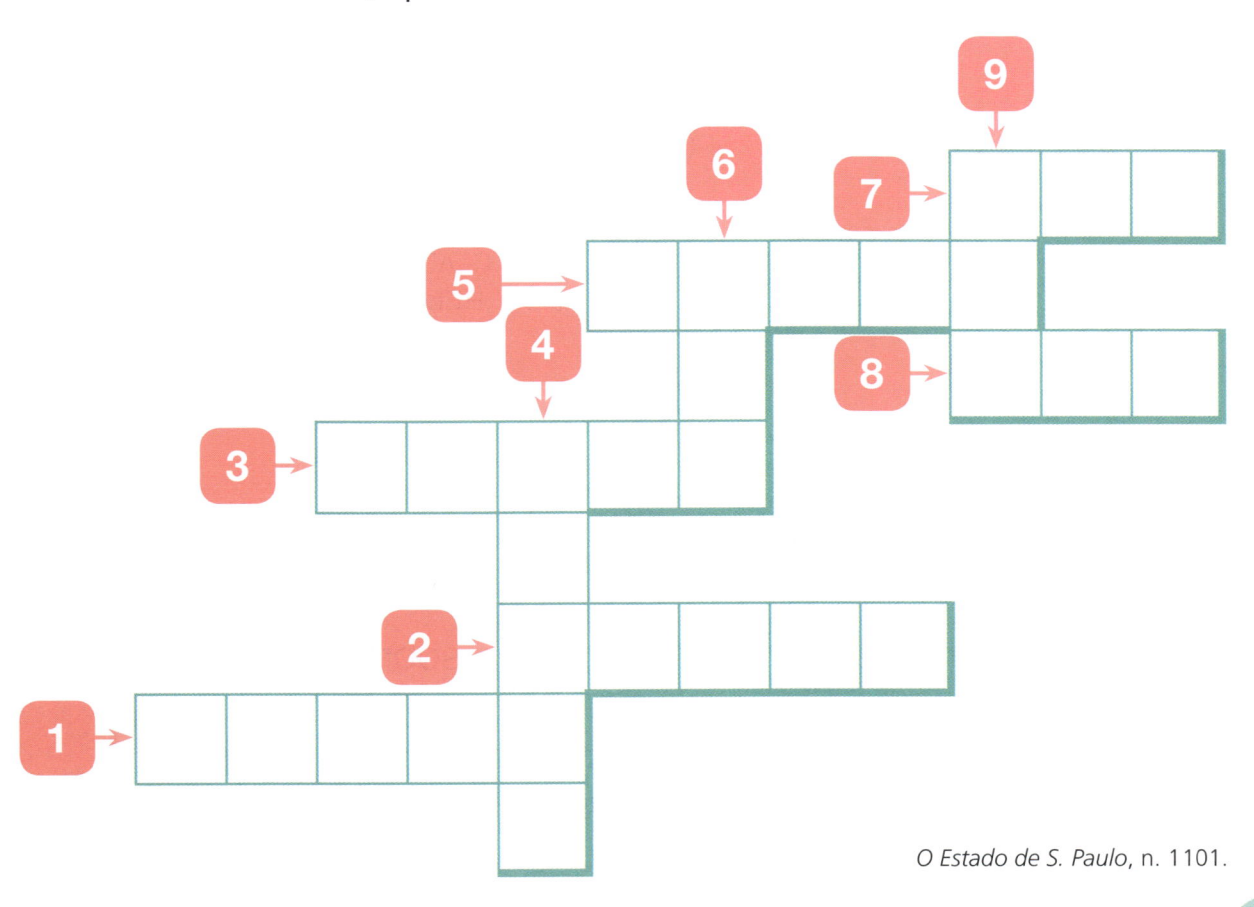

O Estado de S. Paulo, n. 1101.

GRAMÁTICA 6 — Til

VOCÊ SABIA QUE EU NASCI PORQUE QUERIA FICAR PERTO DA MINHA MÃE?

CLAUDIA MARTINEZ, 8 ANOS.
RICHARD E HELEN EXLEY, *PARA MAMÃE*.

Veja as palavras.

m**ã**e   le**ã**o   le**õ**es

Essas palavras têm um sinal colocado sobre as vogais **a** e **o**. Esse sinal chama-se **til** (~).

O til é colocado sobre as vogais **a** e **o** quando elas são pronunciadas com **som nasal**. Som nasal é aquele que sai pela boca e pelo nariz ao mesmo tempo.

ATIVIDADES

1 Complete a cruzadinha com os nomes das figuras.

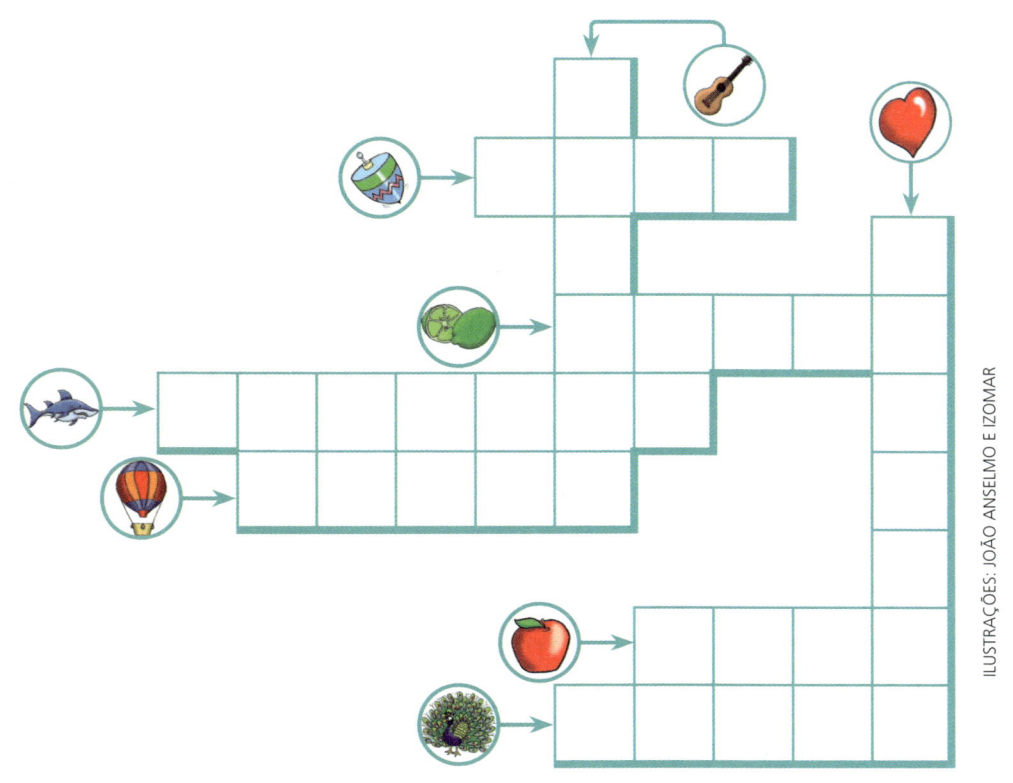

ILUSTRAÇÕES: JOÃO ANSELMO E IZOMAR

2 Leia o texto abaixo e use o til quando necessário.

CAFÉ COM LEITE

CAFÉ COM LEITE
MANTEIGA E PAO.
UMA MAO NA CANECA
E OUTRA NO MAMAO.
MAS EU VI O MENINO
OLHANDO ALI DE PÉ;
SEM MAE, SEM PAO,
E SEM CAFÉ.
DEI PRA ELE O MAMAO;
ELE NAO QUIS.
DEI PRA ELE A MINHA MAO:
ELE FICOU FELIZ.

RENATA PALLOTINI. *CAFÉ COM LEITE*.

3 Copie do texto as palavras nas quais você colocou til.

_____

_____

4 Coloque o til sobre a vogal certa e copie as palavras.

leao → _____

tubarao → _____

maça → _____

macarrao → _____

televisao → _____

5 O que é, o que é?

a) Quando entra, fica do lado de fora?

_____

b) Quanto mais quente, mais fresco é?

_____

c) Quando para de bater, eu paro de viver?

_____

d) É filha da minha avó, mas não é minha tia?

_____

GRAMÁTICA E ORTOGRAFIA

ORTOGRAFIA 6

Palavras com ce/ci

A CIDADE

É NOITE. TUDO PARADO. A CIDADE ILUMINADA.
A LUA ILUMINA O CÉU.
A LUA ILUMINA O SONO DE ZEZÉ.
TOCA O TELEFONE.
— ZEZÉ, SOU EU. A MARIA!
ZEZÉ SORRI.
E A FALA DE MARIA ILUMINA O SONO DE ZEZÉ.

HERMÍNIO SARGENTIM.
TEXTO ESCRITO ESPECIALMENTE PARA ESTA OBRA.

PALAVRAS COM CE	
amanhe**ce**r	**ce**ntro
cebola	**ce**rca
cedilha	**cé**rebro
cedo	**ce**reja
cego	**ce**sta
cena	**ce**sto
cenoura	conhe**ce**

PALAVRAS COM CI	
á**ci**do	**ci**mento
ca**ci**que	**ci**nema
Cida	**ci**nto
cidadão	**ci**nzento
cidade	**ci**pó
cigana	**ci**rco
cigarra	**ci**smado

45

ATIVIDADES

1 Copie do texto "*A cidade*", da página 45, as palavras escritas com **ce/ci** e invente uma frase com elas.

_____

_____

2 Ordene as palavras e forme frases.

a) CESTO HAVIA DENTRO CEBOLA E CENOURA CEREJA . , DO

_____

b) CIMENTO CEDO PARA ACORDOU CIDA COMPRAR .

_____

3 Complete as frases e preencha a cruzadinha.

a) Serve para colocar coisas dentro; é um _____.

b) Lugar onde vamos para assistir a filmes; é o _____.

c) Serve para segurar saias e calças; é o _____.

d) Quando a cortamos, choramos; é a _____.

e) Quando entra no olho, incomoda; é o _____.

GRAMÁTICA E ORTOGRAFIA

4 Complete as palavras com **ce** ou **ci** e, em seguida, copie-as corretamente nos vagões de trem.

____bola   ____nto   ____rca

____garra   ____noura   conhe____

____dadão   ____rebro   ____rco

____dilha   ____sto   ____mento

PALAVRAS COM CE

PALAVRAS COM CI

GRAMÁTICA 7 — Cedilha

COM INVEJA DAS CRIANÇAS,
A GIRAFA ESTICA O PESCOÇO
E COME UMA NUVEM BRANCA,
PENSANDO QUE É ALGODÃO-DOCE.

MILTON CAMARGO.
A ZEBRA, A GIRAFA E OUTROS BICHOS.

A cedilha (¸) é um sinal usado nas sílabas **ça**, **ço** e **çu** para que o **c** fique com o som de **s**.

- crianças
- açúcar
- pescoço

Não se usa cedilha em começo de palavra.

GRAMÁTICA E ORTOGRAFIA

ATIVIDADES

1 Veja o que as palavras têm em comum e distribua-as em dois grupos.

POÇO PESCOÇO PÁSSARO PASSEIO TOSSE ABRAÇO PROFESSORA DEPRESSA CRIANÇA CAÇADOR DANÇA AÇÚCAR CAÇULA SESSENTA CLASSE ASSADO

GRUPO 1		GRUPO 2	

a) O que as palavras do grupo 1 têm em comum?

_____

b) O que as palavras do grupo 2 têm em comum?

_____

c) Quanto ao som, o que é comum entre os dois grupos?

_____

d) Para a letra **c** ter o mesmo som de **ss**, que sinal foi usado?

_____

2 Copie o texto em seu caderno e coloque a cedilha quando necessário.

> O palhaco desfila pela cidade em um carro, não em uma carroca. No pescoco, ele tem um laco vermelho de cetim. Na cabeca, um chapéu roxo.
>
> A criancada foi ao circo e se divertiu com as palhacadas.

3 Escreva de acordo com o exemplo.

começar   eu começo   ele começa

balançar _____   ele _____

laçar   _____   ele _____

coçar   _____   ele _____

4 Forme uma frase com as seguintes palavras:

a) maçã

_____

b) açúcar

_____

GRAMÁTICA E ORTOGRAFIA

ORTOGRAFIA 7

Palavras com ça/ço/çu

Bidu — DOR DE CABEÇA

— AI, BIDU! ESTOU COM UMA DOR DE CABEÇA!
— PUXA, FINA! VOCÊ PRECISA SE TRATAR!
— E DESDE QUANDO VOCÊ ESTÁ SENTINDO ESSA DOR DE CABEÇA?
— DESDE QUE EU ENTREI NA SUA CASINHA!

O Estado de S. Paulo

PALAVRAS COM ÇA
apareça
balança
cabeça
caçador
calção
canção
carroça
coração
criança
dança
força
fumaça
lição
maçã

PALAVRAS COM ÇO
abraço
aço
almoço
braço
caçou
golaço
laço
lençol
maço
moço
palhaço
pedaço
pescoço
poço

PALAVRAS COM ÇU
açúcar
açucareiro
açude
caçula

ATIVIDADES

1 Complete as frases com as palavras do quadro.

> POÇO   MOÇA   MAÇÃ   LENÇOL
> BRAÇOS   PEDAÇO   PESCOÇO   CRIANÇA

a) Ele colocou seus _____ em volta de meu _____ quando viu o leão.

b) A _____ tirou água do _____ para lavar o _____.

c) Eu peguei um _____ da torta de _____ e dei para a _____.

2 Complete com **ça/ço/çu** para formar palavras. Depois, copie as palavras que você formou.

```
            CA
            RO
        LA □
FU  MA  □
        DA
TA □
        A □ CAR
        PA □  CA
```

GRAMÁTICA E ORTOGRAFIA

3 Forme palavras.

CRI – AN – ça = _____
CAR – RO – ça = _____
CA – BE – ça = _____

BEI – çu – DO = _____
A – çu – DE = _____
CA – çu – LA = _____

4 Copie as frases colocando cedilha quando necessário.

a) O palhaco não foi convidado para a festa no circo.

_____

_____

b) O Pacoca foi alegrar a festa da criancada lá na escola.

_____

_____

c) O coracão da moca está batendo forte de tanta felicidade.

_____

_____

d) O calcado está apertado no pé daquela crianca.

_____

_____

GRAMÁTICA 8

Acento agudo

ZÉ-PREQUETÉ

ZÉ-PREQUETÉ
TEM BICHO-DE-PÉ
E MUITO CHULÉ.

E QUANDO O ZÉ-PREQUETÉ
COÇA O PÉ,
COM O DEDÃO
DO OUTRO PÉ,
NÃO SAI O BICHO-DE-PÉ,
MAS COMO SAI CHULÉ!

ELIAS JOSÉ. *SEGREDINHOS DE AMOR*.
SÃO PAULO: MODERNA.

Observe as palavras.

Z**é**-prequet**é**   p**é**   chul**é**

O sinal usado nas vogais das palavras acima é chamado **acento agudo** (´).

O acento agudo indica que a vogal tem **som aberto**.

ATIVIDADES

1 Dê os nomes das figuras.

_____	_____	_____
_____	_____	_____

2 Leia as frases e acentue as palavras com acento agudo quando necessário.

a) O aquario de Mario esta cheio de peixes.

b) Minha tia comprou um chapeu que mais parece uma xicara de cha.

c) Eu ouvi no radio aquela musica de que Cecilia tanto gosta.

d) Dentro desse armario estão os bones e os paletos de papai.

3 Para que Emília chegue ao sítio, ela só pode passar por palavras que são acentuadas. Acentue as palavras e descubra o caminho certo.

- colégio
- floresta
- chapéu
- rádio
- visconde
- inteligente
- bolinhos
- sanduíche
- lápis
- escada
- melancia
- árvores
- picolé
- noite
- armário
- tomate
- alface
- xícara
- chulé
- Pelé
- música
- célula
- tamanduá

ORTOGRAFIA 8

Palavras com r

Palavras com r inicial

O RATO E A ROSA RITA

O RATO ROEU A ROUPA DO REI DE ROMA,
O RATO ROEU A ROUPA DO REI DA RÚSSIA,
O RATO ROEU O RABO DO RODOVALHO...
O RATO A ROER ROÍA.
E A ROSA RITA RAMALHO
DO RATO A ROER SE RIA!

CIÇA. *O LIVRO DO TRAVA-LÍNGUA.*
RIO DE JANEIRO: NOVA FRONTEIRA.

PALAVRAS COM R INICIAL

rabo	raso	remo	rir	rosa
rádio	rato	retalho	roda	roupa
raio	recado	rico	rodo	rua
raiva	rede	rifa	roeu	ruga
raiz	rei	rio	rolar	rumo
ramo	relógio	Rita	Roma	Rute

Palavras com r no meio da palavra

A BARATA DIZ QUE TEM
UMA CAMA DE MARFIM.
É MENTIRA DA BARATA
ELA DORME É NO CAPIM.
HÁ! HÁ! HÁ!
HÓ! HÓ! HÓ!
ELA DORME É NO CAPIM.

DOMÍNIO PÚBLICO.

PALAVRAS COM R NO MEIO DA PALAVRA

abacateiro	ferido
arado	geladeira
arame	girafa
arara	marido
barata	muro
besouro	parada
buraco	parede
cadeira	
careca	

Palavras com rr

A CIGARRA
AGARRA A TARDE
COM O SEU CANTAR.

A FORMIGA
AGARRA A VIDA
CARREGANDO FOLHAS
E COMIDA.

J. CARDIAS. *NINHO DE POESIAS*.

PALAVRAS COM RR

amarrado	corrida
arrepio	errado
barraca	ferro
barraco	garrafa
barriga	garrafão
barro	gorro
burro	jarro
carro	marreco

GRAMÁTICA E ORTOGRAFIA

ATIVIDADES

1 Forme palavras juntando as sílabas.

DA	RA	DO	O	RE	SA	RO	RI	LO	CA
1	2	3	4	5	6	7	8	9	10

8 + 4 = _____   7 + 9 = _____

7 + 6 + 1 = _____   2 + 9 = _____

5 + 10 + 3 = _____   2 + 6 = _____

7 + 6 = _____   7 + 3 = _____

8 + 6 + 1 = _____   7 + 1 = _____

2 Leia o texto abaixo.

> **R**
>
> ESTÁ NA RENDA, NO RETALHO
> E NA ROUPA DA ROSINHA.
> TEM NA REDE, TEM NO RÁDIO
> E NO ROSTO DA RITINHA.
> TEM NO ROLO E NO RELÓGIO
> NO REPOLHO E NA ROLHA.
> APARECE NA RAIZ,
> MAS NÃO QUIS FICAR NA FOLHA.
>
> MAURICIO DE SOUSA E CRISTINA PORTO.
> *ABC DA MÔNICA.*

Copie as palavras que começam com **r**.

_____

_____

3 Leia o texto e, em seguida, escreva as palavras destacadas no quadro correspondente, separando as sílabas.

ARARA

A **ARARA** **ARRANHA**
A GAIOLA DE **ARAME**
COM AS UNHAS DA VOZ
ÁSPERA E **GROSSA**.

A **ARARA** É UMA **FARRA**
COM TANTA **ALGAZARRA**
DAS TINTAS E **CORES**
NA IMAGEM **SONORA**.
O QUE DIZ A **ARARA**
AGARRADA À GAIOLA?
EM SUA ROUCA FALA
ELA CANTA OU **CHORA**?

A **ARARA** NÃO **PARA**
AZUL **AMARELA**
NO **ARAME** NÃO CALA
ARARA **AQUARELA**.

LIBÉRIO NEVES. *VOA PALAVRA..*

PALAVRAS COM R NO MEIO DA PALAVRA

_____
_____
_____
_____
_____

PALAVRAS COM RR NO MEIO DA PALAVRA

_____
_____
_____

4 Invente uma história com as palavras do quadro.

BARATA   CARECA   PAREDE   CORRIDA   BARRIGA   ARREPIO

_____
_____
_____

GRAMÁTICA 9

Acento circunflexo

> HAVIA UMA BARATA
> NA CARECA DO VOVÔ.
> ASSIM QUE ELA ME VIU,
> BATEU ASAS E VOOU.
>
> DOMÍNIO PÚBLICO.

Observe as palavras.

vovô

lâmpada

ônibus

O sinal usado nas palavras **vovô**, **ônibus** e **lâmpada** chama-se **acento circunflexo** (^).

O acento circunflexo indica que a vogal tem **som fechado**.

ATIVIDADES

1 Copie as frases substituindo os desenhos por palavras. Não se esqueça de usar o acento circunflexo.

a) Eu vou para a escola de 🚌 .

_____

b) Hoje passaram 🚑 🚑 🚑 em minha rua.

_____

c) A 💡 de meu quarto queimou, por isso não achei o meu 🐰 e o meu 🪀 .

_____

d) Eu ganhei um par de 👟 , mas gostaria de ter recebido um 🤖 .

_____

2 Leia o texto e acentue as palavras com acento circunflexo, quando necessário.

> MESTRE LIN ERA UM GATO ESPERTO, SIAMES, QUE SÓ FALTAVA MESMO ERA FALAR PORTUGUES. O RESTO ELE FAZIA. DE CANTORIA, ENTÃO, ELE ENTENDIA: DANÇAVA, SAMBAVA, MIAVA EM FÁ, CANTAVA EM DÓ, ROSNAVA EM LÁ, MIAVA EM INGLES, IMITAVA JAPONES E ACABAVA O SEU "SHOW" COMO GATO BRASILEIRO, EQUILIBRANDO UM PANDEIRO.

4 Ajude as crianças a seguir o caminho certo até a casa delas. Vânia só pode ir pelo caminho das palavras com acento circunflexo. Júlia só pode ir pelo caminho das palavras com acento agudo.

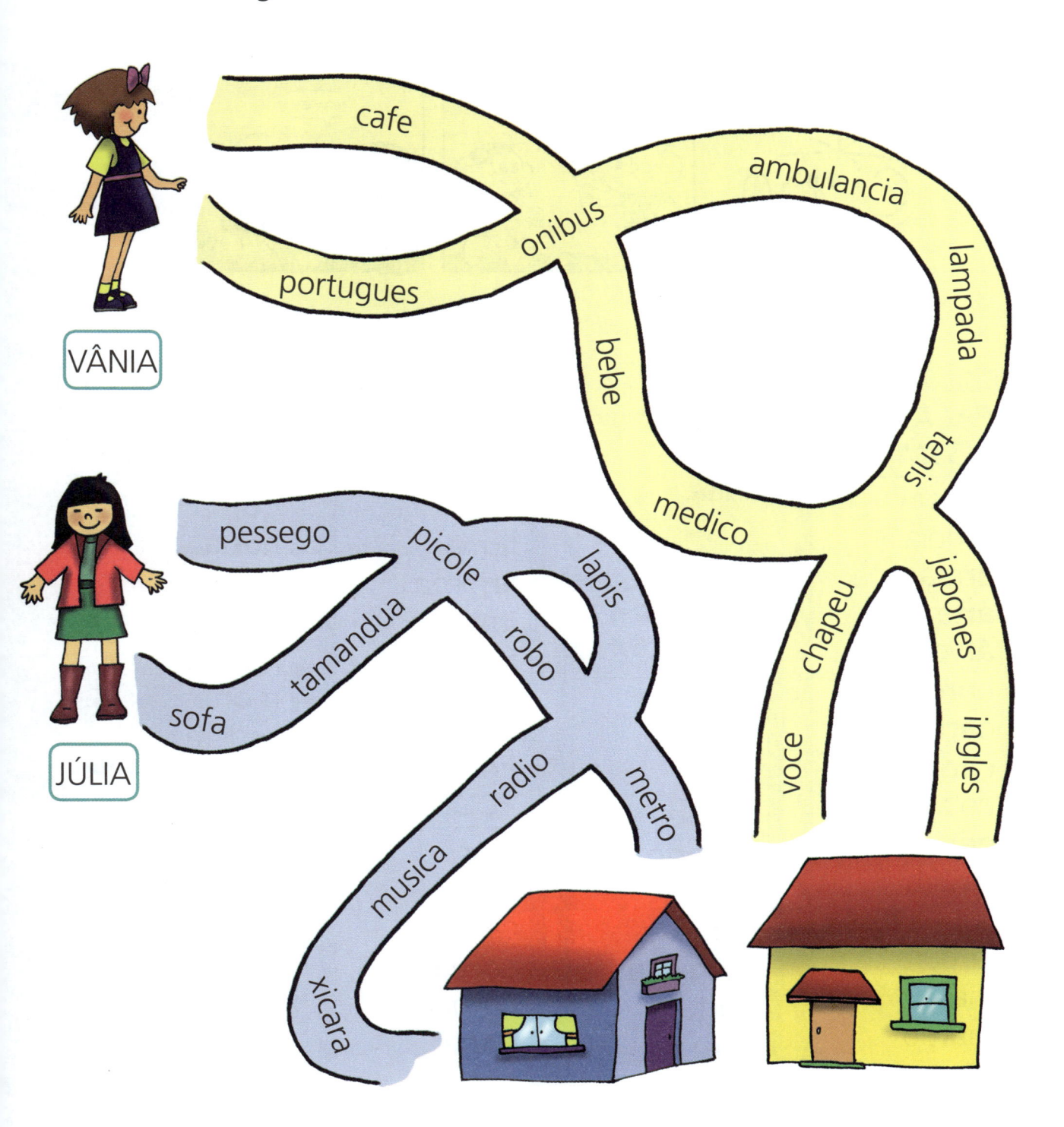

VÂNIA

cafe · onibus · portugues · ambulancia · lampada · bebe · medico · tenis · japones · chapeu · voce · ingles

JÚLIA

pessego · picole · lapis · tamandua · robo · sofa · metro · radio · musica · xicara

ORTOGRAFIA 9 — Palavras com ar/er/ir/or/ur

PALAVRAS COM AR

a**çúcar**
argola
arma
arte
árvore
b**ar**co
c**ar**ta
c**ar**tilha
col**ar**
g**ar**fo
j**ar**dim
l**ar**
l**ar**gura
m**ar**
m**ar**ço
p**ar**que
p**ar**tida

PALAVRAS COM ER

c**er**ca
c**er**veja
erva
ervilha
esp**er**to
mulh**er**
n**er**voso
p**er**gunta
p**er**to
v**er**bo
v**er**dade
v**er**melho

PALAVRAS COM IR

c**ir**co
f**ir**me
f**ir**meza
irmã
irmão

PALAVRAS COM OR

at**or**
cal**or**
cant**or**
c**or**da
c**or**neta
c**or**te
d**or**
fav**or**
fl**or**
f**or**te
g**or**da
h**or**ta
isop**or**
j**or**nal
m**or**dida
m**or**te
ordem

PALAVRAS COM UR

c**ur**so
s**ur**do
t**ur**co
t**ur**ma
ursa
urso

ATIVIDADES

1 Ordene as sílabas e forme palavras.

ÇÚ	CAR	A		SO	UR	
TE	ZA	CER		NE	TA	COR	
DI	MOR	DA		RO	POR	TEI	

2 Copie as palavras destacadas no texto nos espaços corretos e circule as sílabas **ar/er/ir/or/ur**.

FABRICAR UM MONSTRO HORRÍVEL
NO **QUARTO** DE LUZ APAGADA
NÃO É COISA DIFÍCIL.
PODE **SER** ATÉ ENGRAÇADA.
VAMOS **OLHAR** PELO ESPELHO?
NOSSA! QUE COISA ESTRANHA:
CORCUNDA, DE OLHO **VERMELHO**
E LONGAS **PERNAS** DE ARANHA.
MAS QUANDO SE ACENDE O **ABAJUR**
VEMOS A MESA DE ESTUDO.
LIVROS, **CADERNOS**, CANETAS
E UM CASACO DE VELUDO.
É SÓ **APAGAR** A LÂMPADA
QUE **SURGE** UM FANTASMA **ENORME**.
ESTÁ DEITADO NA CAMA
TÃO QUIETO, PARECE QUE **DORME**.

REVISTA CIÊNCIA HOJE DAS CRIANÇAS, N. 40.

ar

er

or

ur

3 Na cantiga ao lado, a letra **r** aparece várias vezes. Pinte as palavras em que aparece esta letra.

> A BARATA DIZ QUE TEM
> UMA CAMA DE MARFIM.
> É MENTIRA DA BARATA
> ELA DORME É NO CAPIM.
> HÁ! HÁ! HÁ!
> HÓ! HÓ! HÓ!
> ELA DORME É NO CAPIM.
>
> DOMÍNIO PÚBLICO.

Observe o quadro e, em seguida, escreva as palavras que você pintou na linha certa.

PALAVRAS	CONSOANTES	VOGAIS	SÍLABAS
	3	3	3
	4	2	2
	4	3	3
	3	2	2

4 Procure, no diagrama, palavras que tenham **ar**, **er**, **ir**, **or** ou **ur**.

```
L S U R D O N É R G I M
Á R T Z U I P J L A M R
C J T U C R P A R Q U E
H O R X I Ú Q U R T L R
O R T I R M Ã A R A H P
R N Õ B C O H N A N E Ã
B A R C O R T A T O R R
O L F R V M U I R I J Q
```

GRAMÁTICA 10

Nome das coisas

A LUZ

A LUZ VIAJA MUITO RÁPIDO. EM UM SEGUNDO, ELA PERCORRE MAIS OU MENOS A DISTÂNCIA ENTRE A TERRA E A LUA. NÃO EXISTE NADA QUE CAMINHE TÃO RÁPIDO QUANTO A LUZ.

REVISTA *CIÊNCIA HOJE DAS CRIANÇAS*, N. 59.

As palavras que você usa para falar e para escrever estão organizadas em pequenos grupos:

Grupo 1 A luz viaja muito rápido.
Grupo 2 Em um segundo, ela percorre mais ou menos a distância entre a Terra e a Lua.
Grupo 3 Não existe nada que caminhe tão rápido quanto a luz.

Cada grupo organizado de palavras recebe o nome de **frase**.

Frase 1 A luz viaja muito rápido.
Frase 2 Em um segundo, ela percorre mais ou menos a distância entre a Terra e a Lua.
Frase 3 Não existe nada que caminhe tão rápido quanto a luz.

No começo de frases, deve-se usar a **letra inicial maiúscula**.

INSETOS

UMA FORMIGA LEVANTA QUALQUER COISA QUE TENHA CINQUENTA VEZES O SEU PESO. UMA ABELHA CARREGA UM PESO TREZENTAS VEZES MAIOR QUE O SEU.

AS FORMIGAS SÃO EQUIPADAS COM CINCO NARIZES DIFERENTES, CADA UM COM UMA FUNÇÃO.

ABELHAS TÊM CINCO OLHOS. SÃO TRÊS PEQUENOS NO TOPO DA CABEÇA E DOIS MAIORES NA FRENTE.

MARCELO DUARTE. *O GUIA DOS CURIOSOS.*

No fim de frases, deve-se usar algum tipo de **ponto**.

O CÃO E O OSSO

UM DIA, UM CÃO, CARREGANDO UM OSSO NA BOCA, IA ATRAVESSANDO UMA PONTE. OLHANDO PARA BAIXO, VIU SUA PRÓPRIA IMAGEM REFLETIDA NA ÁGUA.

PENSANDO VER OUTRO CÃO, COBIÇOU-LHE LOGO O OSSO E PÔS-SE A LATIR. MAL, PORÉM, ABRIU A BOCA, SEU PRÓPRIO OSSO CAIU E PERDEU-SE PARA SEMPRE.

"MAIS VALE UM PÁSSARO NA MÃO QUE DOIS VOANDO."

HELENA PINTO VIEIRA. *O MUNDO DA CRIANÇA.*

ATIVIDADES

1 Leia o texto e responda às perguntas.

> NÃO TEM *VIDEOGAME*, JOGUINHO DE COMPUTADOR OU BONECO DE DESENHO ANIMADO JAPONÊS QUE DIVIRTA MAIS DO QUE FAZER MIL ACROBACIAS COM UMA PIPA EM DIA DE VENTO FORTE. SEU BISAVÔ, SEU AVÔ E SEU PAI JÁ PASSAVAM TARDES INTEIRAS EMPINANDO ESSES OBJETOS VOADORES. PELO BRASIL, ELES GANHAM NOMES DIFERENTES: PAPAGAIO, QUADRADO, PANDORGA, ARRAIA, CANGULA, ENTRE TANTOS. A VENTANIA DA PRÉ-TEMPORADA, DE JANEIRO ATÉ MARÇO, VEM ANUNCIANDO BONS VENTOS PARA JUNHO, JULHO E AGOSTO, A ÉPOCA MAIS APROPRIADA PARA GRANDES VOOS E PIRUETAS.
>
> *O ESTADO DE S. PAULO*, N. 485.

a) Quantas frases há no texto?

_____

b) Quais são os melhores meses para se empinar pipa?

_____

c) Que outros nomes a pipa recebe?

_____

d) Desenhe uma pipa.

2 Desembaralhe as palavras das frases e descubra qual é a música escrevendo no local certo.

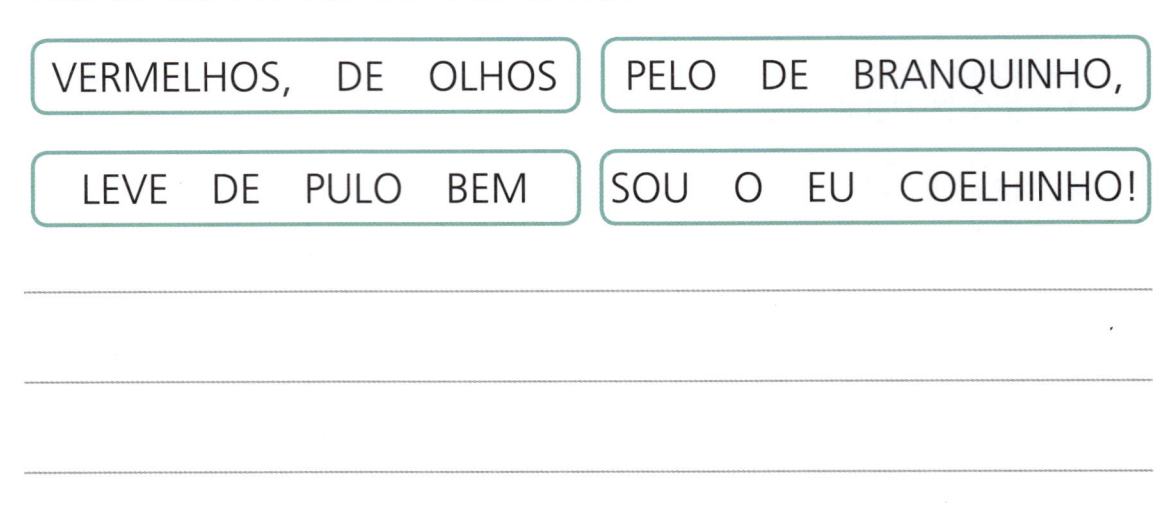

| VERMELHOS, DE OLHOS | PELO DE BRANQUINHO, |
| LEVE DE PULO BEM | SOU O EU COELHINHO! |

_____

_____

_____

3 Monte o quebra-cabeça e descubra uma informação importante. Copie a frase na linha abaixo.

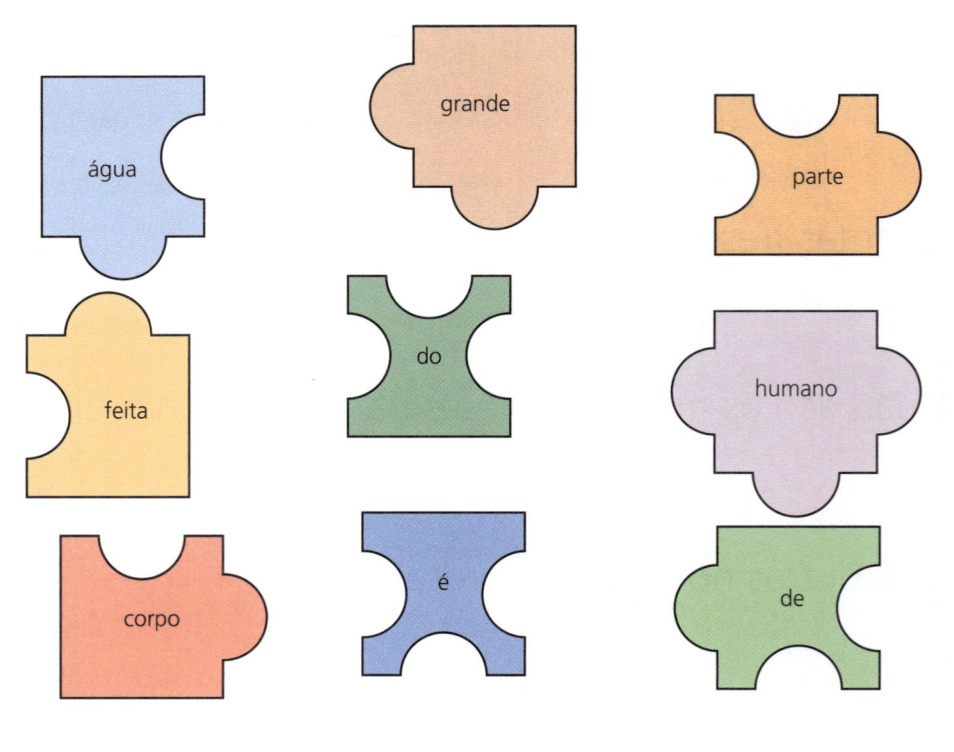

- água
- grande
- parte
- feita
- do
- humano
- corpo
- é
- de

_____

_____

70 GRAMÁTICA E ORTOGRAFIA

ORTOGRAFIA 10 — Palavras com s

Palavras com s inicial

SACI, LÁ NO SÍTIO,
APRONTA UM SURURU.
SACI, EM SEU SONHO,
DANÇA O CURURU.

SACI NA SELVA
SALTA E SAMBA SÓ.
SACI NA RELVA
SONHA SONHA QUE DÁ DÓ.

ELIAS JOSÉ. *CONTOS DE ENCANTAMENTO.*

PALAVRAS COM S INICIAL

sábado	**s**apeca	**s**oda
Saci	**s**eda	**s**ofá
saco	**s**ede	**s**oluço
sacola	**s**emana	**s**opa
salada	**s**erra	**s**orvete
saliva	**s**errote	**s**ubida
samba	**s**eta	**s**uco
sapato	**s**oco	**s**ujo

Palavras com s entre vogais

A CASA DA AVÓ

A CASA DA MINHA AVÓ
É O SOL NA VIDRAÇA
A PORTA UM CORAÇÃO
À ESPERA DE QUEM PASSA.
A CASA DA MINHA AVÓ
É CARACOL NUM MALMEQUER
UMA CASA MULHER PEQUENA
COM TELHADO DE POEMA.
A CASA DA MINHA AVÓ
É JARDIM DE PRIMAVERA
É UM RISO A CHAMAR POR MIM
SE ME ESQUEÇO DELA.

BERNARDO COSTA. *A CASA SOL E O TELHADO POEMA.*

PALAVRAS COM S ENTRE VOGAIS

aceso	casa	liso	prisão
alisar	casaco	manhoso	raso
amoroso	casamento	medroso	rasura
asa	causa	mesa	revisão
atrasar	coisa	mesada	risada
atraso	confusão	música	riso
aviso	decisão	paralisar	rosa
besouro	defesa	paralisia	sobremesa
blusa	desejo	pesadelo	televisão
bondoso	desenho	pesquisa	tesoura
brasa	divisão	piso	vasilha
camisa	famoso	precisar	vaso
carinhoso	isolado	preso	visita

GRAMÁTICA E ORTOGRAFIA

ATIVIDADES

1) Sublinhe no texto as palavras que começam com a letra **s**.

> SACI, LÁ NO SÍTIO,
> APRONTA UM SURURU.
> SACI, EM SEU SONHO,
> DANÇA CURURU. (...)
>
> ELIAS JOSÉ. *CONTOS DE ENCANTAMENTO.*

2) O vento misturou todas as palavras. Separe-as, colocando-as no quadro certo.

> SÁBADO   ACESO   ALISAR   SACO
> AMOROSO   SALADA   SALIVA   ATRASO
> CAMISA   SUJO   VISITA   SOLUÇO

PALAVRAS COM S INICIAL	PALAVRAS COM S ENTRE VOGAIS

3 Desembaralhe as letras e descubra as palavras.

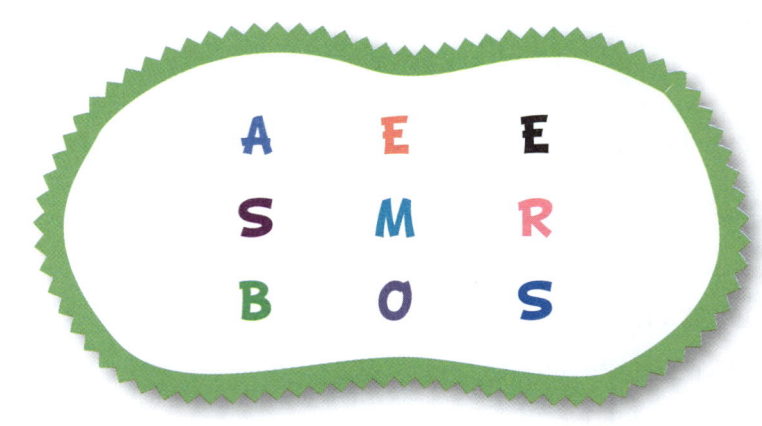

A E E
S M R
B O S

_____

E T E
R O S V

_____

4 Separe as sílabas das palavras abaixo.

sábado – _____

vasilha – _____

sobremesa – _____

medroso – _____

mesada – _____

GRAMÁTICA 11

Frase afirmativa e frase negativa

A GIRAFA

O BOI FALA:
— MU, MU!
A VACA OUVE.

A VACA FALA:
— MU, MU!
O GATO OUVE.

O GATO FALA:
— MIAU, MIAU!
O CÃO OUVE.

O CÃO FALA:
— AU, AU!
O BODE OUVE.

O BODE FALA:
— MÉ, MÉ!
A GIRAFA OUVE.

A GIRAFA NÃO FALA.

HERMÍNIO SARGENTIM.
TEXTO ESCRITO ESPECIALMENTE PARA ESTA OBRA.

Ao produzir uma frase, você pode **afirmar** alguma coisa. Essa frase recebe o nome de **frase afirmativa**.
Exemplo: A vaca ouve.

Ao produzir uma frase, você pode **negar** alguma coisa. Essa frase recebe o nome de **frase negativa**.
Exemplo: A girafa não fala.

No fim de uma frase afirmativa ou negativa, você usa o **ponto-final**.

ATIVIDADES

1 Forme uma frase afirmativa e outra negativa usando as palavras abaixo.

a) saiu

Frase afirmativa: _____

Frase negativa: _____

b) chuva

Frase afirmativa: _____

Frase negativa: _____

c) comigo

Frase afirmativa: _____

Frase negativa: _____

2 Classifique as frases como afirmativas ou negativas.

a) Abracadabra é uma palavra mágica.

_____

b) Os homens grandes não sabem de nada.

_____

c) As crianças enxergam o meu castelo encantado.

_____

3 Tente descobrir o que está escrito.

ORATOROEUAROUPADOREIDEROMA

Descobriu o segredo? Então copie a frase corretamente.

_____

Transforme a frase em negativa e descubra o que o rato não fez.

_____

4 Leia o poema.

> NÃO TENHO MEDO DE ARANHA,
> NEM DE MONSTRO, NEM DE DRAGÃO!
> NÃO TENHO MEDO DE BRUXA,
> NEM DO TAL BICHO-PAPÃO!
>
> PEDRO BANDEIRA. *MAIS RESPEITO, EU SOU CRIANÇA.*

E você, do que não tem medo? Escreva um poema falando das coisas de que você não tem medo. Use frases negativas.

_____
_____
_____
_____
_____

Ortografia 11: Palavras com ss

O PASSARINHO

ERA UMA VEZ UM PASSARINHO, QUE SAIU PARA PASSEAR E SE ENCONTROU COM UMA MENINA, QUE LEVOU ELE PARA CASA. A MENINA COLOCOU O PASSARINHO NA GAIOLA E ELE FUGIU, INDO PARA SUA CASA E NUNCA MAIS SAIU PARA PASSEAR.

ANA NATHÁLIA, 7 ANOS.

PALAVRAS COM SS

a**ss**adeira	depre**ss**a	po**ss**e
a**ss**ado	deze**ss**eis	po**ss**ível
a**ss**altante	deze**ss**ete	pre**ss**ão
a**ss**alto	e**ss**e	profe**ss**ora
a**ss**a**ss**ino	pa**ss**arinho	profi**ss**ão
a**ss**im	pá**ss**aro	querme**ss**e
a**ss**inatura	pa**ss**eio	se**ss**enta
a**ss**ustado	pê**ss**ego	so**ss**egado
cla**ss**e	pe**ss**oa	to**ss**e

ATIVIDADES

1. Escreva por extenso os números.

    6 _____

    60 _____

    17 _____

2. Complete a frase com a palavra entre parênteses. Faça a mudança necessária, seguindo o exemplo.

    a) Se ele   falasse   devagar, eu entenderia.
    (falar)

    b) Se ela _____ bem, eu iria ao *show*.
    (cantar)

    c) Se ela _____ rápido, não cairia.
    (pular)

    d) Se ele _____ para o gol, venceríamos o jogo.
    (chutar)

3. Separe as sílabas. A seguir, copie a palavra.

    pássaro   _____

    assalto   _____

    depressa   _____

    possível   _____

    pêssego   _____

    assassino   _____

4 Ligue as palavras da mesma família.

CARINHO	LUXUOSO
BOM	ESTUDIOSO
LUXO	MISTERIOSO
PODER	CARINHOSO
ESTUDO	CRIMINOSO
ESCÂNDALO	BONDOSO
CRIME	NERVOSO
NERVO	ESCANDALOSO
MISTÉRIO	PODEROSO

5 Separe as sílabas. A seguir, copie a palavra.

sábado _____

semana _____

sapeca _____

serrote _____

soluço _____

6 Forme uma frase com as palavras do quadro.

CLASSE — PROFESSORA — PASSEIO

_____

_____

GRAMÁTICA 12

Frase interrogativa

QUEM É?

QUEM BRILHA NO CÉU?
— O SOL.
QUEM BRILHA NA FOLHA?
— O ORVALHO.
QUEM BRILHA NA RELVA?
— A CHUVA.
QUEM BRILHA NO ESPELHO?
— EU.

SÔNIA MIRANDA. *PRA BOI DORMIR.*

Observe esta frase.

Quem brilha no espelho?

Nessa frase, a autora faz uma pergunta.
É uma **frase interrogativa**.
No fim de uma frase interrogativa, você deve usar o **ponto de interrogação** (**?**).

Quem brilha no céu ?

ATIVIDADES

1) Com base nas frases afirmativas, crie frases interrogativas, usando as palavras dos parênteses.

a) Ele ficou zangado quando você partiu. (Quando)

_____

b) Elas moram em São Paulo. (Onde)

_____

c) O vaso quebrou porque caiu. (Por que)

_____

d) O menino estava chorando. (Quem)

_____

2) O que você perguntaria ao inseto se estivesse no lugar da Mafalda?

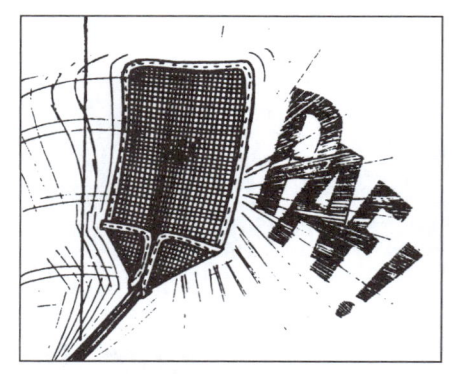

_____

_____

_____

GRAMÁTICA E ORTOGRAFIA

3 Descubra as perguntas que Chapeuzinho fez para o Lobo Mau.

É para te olhar melhor, minha netinha.

_____

É para te cheirar melhor.

_____

É para te pegar melhor.

_____

É para te comer....hahahaha!!!!

_____

4 Agora você será o repórter. Escolha um amigo e faça uma entrevista com ele. Não se esqueça de escrever as perguntas antes.

Nome do entrevistado: _____

1. _____
_____

2. _____
_____

3. _____
_____

4. _____
_____

ORTOGRAFIA 12 — Palavras com as/es/is/os/us

PALAVRAS COM AS
- **as**falto
- c**as**ca
- c**as**cata
- c**as**co
- c**as**pa
- c**as**telo
- gin**ás**tica
- m**as**tigar
- p**as**ta
- p**as**to
- pl**ás**tico

PALAVRAS COM ES
- **es**conder
- **es**cova
- **es**curo
- **es**paço
- **es**peto
- **es**pinho
- **es**puma
- **es**quisito
- **es**trela
- f**es**ta
- p**es**cador

PALAVRAS COM IS
- alp**is**te
- art**is**ta
- dent**is**ta
- ego**ís**ta
- **is**ca
- **is**queiro
- l**is**ta
- min**is**tro
- m**is**to
- m**is**tura
- p**is**ta

PALAVRAS COM OS
- ap**os**ta
- c**os**tas
- g**os**to
- m**os**ca
- m**os**quito
- p**os**te
- r**os**to

PALAVRAS COM US
- b**us**ca-pé
- c**us**to
- ônib**us**
- s**us**to

ATIVIDADES

1 Encontre no diagrama, palavras com **as**, **es**, **is**, **os** ou **us**.

S	U	S	T	O	R	T	E	Q	H
E	R	T	Y	U	I	O	P	Q	P
P	L	Á	S	T	I	C	O	W	I
T	E	L	E	H	G	J	I	L	S
F	E	S	T	A	L	E	H	C	T
M	I	N	I	S	T	R	O	A	A
E	R	T	Y	U	I	O	L	S	O
M	O	S	Q	U	I	T	O	C	I
S	A	D	E	S	D	F	G	O	L
E	S	C	O	V	A	C	B	M	P

2 Copie na coluna certa as palavras que você encontrou.

AS	ES	IS	OS	US

3 Luís precisava ir ao mercado fazer compras para sua mãe. Percorra o labirinto e descubra o que ele deveria comprar. Atenção: no caminho, ele só pode passar por palavras que têm algo em comum entre si.

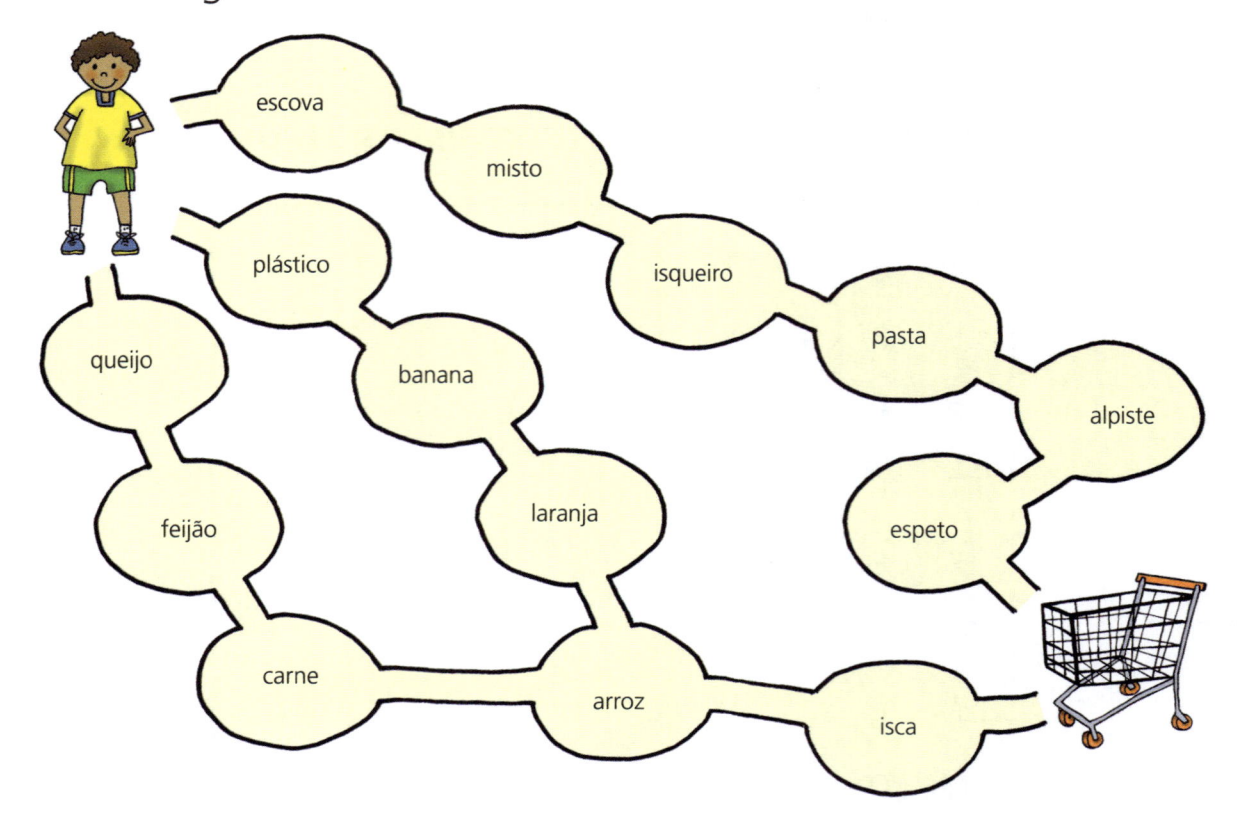

escova — misto — plástico — isqueiro — pasta — alpiste

queijo — banana — laranja — espeto

feijão — carne — arroz — isca

4 Complete as frases com as palavras do quadro.

FESTA   CASCA   ASFALTO
CASTELOS   HISTÓRIAS   LISTA

a) No _____ da rua, havia uma _____ de banana.

b) Mamãe fez uma _____ de compras para a _____.

c) Ele adora ler _____ de _____ encantados.

GRAMÁTICA 13

Frase exclamativa

O GATO

OS RATOS TODOS ME TEMEM,
AS GATINHAS TODAS ME AMAM.
OS VIZINHOS, COM SONO, RECLAMAM
DOS BARULHOS QUE FAÇO NO MURO.
DE NOITE EU BRIGO NO ESCURO,
SOU MUITO VALENTE, DE FATO.
POR ISSO TODAS SUSPIRAM:
"TÃO LINDO, TÃO ÁGIL, QUE GATO!"

CLÁUDIO THEBAS. *AMIGOS DO PEITO*

Observe a frase.

Tão lindo, tão ágil, que gato !

Nessa frase, o autor comunicou um sentimento, fez uma exclamação. Por isso, ela é chamada **frase exclamativa**.
No fim de uma frase exclamativa, você deve usar o **ponto de exclamação** (!).

ATIVIDADES

1 Transforme as frases afirmativas em frases exclamativas. Observe o modelo.

a) Eu estou cansado.

Como estou cansado! Que cansaço!

b) O quadro é bonito.

_____

c) O exercício é difícil.

_____

d) Este dia foi muito movimentado.

_____

2 Complete o balão com frases exclamativas.

3 Leia a história e veja quantas vezes foram usados o ponto de exclamação e o de interrogação.

> DE REPENTE O SOL RAIOU
> E O GALO COCORICOU:
> — CRISTO NASCEU!
>
> O BOI, NO CAMPO PERDIDO
> SOLTOU UM LONGO MUGIDO:
> — AONDE? AONDE?
>
> COM SEU BALIDO TREMIDO
> LIGEIRO DIZ O CORDEIRO:
> — EM BELÉM! EM BELÉM!
>
> VINICIUS DE MORAES. *A ARCA DE NOÉ.*

Ponto de interrogação ☐   Ponto de exclamação ☐

4 Escreva frases exclamativas para as figuras.

a) _____

b) _____

c) _____

ORTOGRAFIA 13 — Palavras com az/ez/iz/oz/uz

UM SORRISO CHAMADO LUIZ

ERA UMA VEZ UM SORRISO QUE SE CHAMAVA LUIZ […]
[…] LUIZ SORRIA SEU SORRISO FOSSE A VIDA BEM OU MAL…
LUIZ ERA UM SORRISO PROFISSIONAL […]

ZIRALDO. *UM SORRISO CHAMADO LUIZ.*

PALAVRAS COM AZ/EZ/IZ/OZ/UZ

p**az**	f**ez**	fel**iz**	fer**oz**	avestr**uz**
rap**az**	v**ez**	g**iz**	n**oz**	cap**uz**
cap**az**	d**ez**	infel**iz**	arr**oz**	cr**uz**
tr**az**	acid**ez**	ju**iz**	v**oz**	cusc**uz**
cart**az**	talv**ez**	ra**iz**	vel**oz**	l**uz**

ATIVIDADES

1 Escreva as frases no singular.

a) Os leões parecem ferozes.

_____

b) Os rapazes estão felizes.

_____

c) As luzes dos chafarizes iluminam as cruzes.

_____

2 Crie uma pequena história em que apareçam as palavras do quadro abaixo.

ANZOL – VOZ – LUZ

_____

_____

_____

_____

_____

3 Escreva os números por extenso.

a) 10 _____

b) 13 _____

c) 16 _____

d) 17 _____

e) 18 _____

f) 19 _____

4 Localize no diagrama abaixo palavras que terminam com **z**.

Q	W	E	R	C	R	U	Z	T	R
R	V	I	K	Ç	L	R	E	Y	A
A	C	N	J	M	A	T	Q	U	I
P	D	F	H	N	R	U	M	I	Z
A	G	E	G	B	R	I	N	O	P
Z	T	L	F	V	O	O	B	L	Ç
B	U	I	D	C	Z	P	D	E	Z
N	A	Z	S	X	X	C	V	K	J
M	E	L	A	Z	Z	L	U	Z	H
C	A	P	U	Z	A	S	D	F	G

5 Complete as frases com algumas das palavras que você encontrou no caça-palavras.

a) O _____ convidou a moça para ir ao cinema.

b) Coloque o _____ que está frio.

c) Adoro comer _____ com feijão.

d) Acenda a _____, por favor!

e) A _____ daquela árvore está enorme.

6 Monte um caça-palavras com palavras que tenham **az**, **ez**, **iz**, **oz** e **uz** e depois peça para um amigo procurá-las.

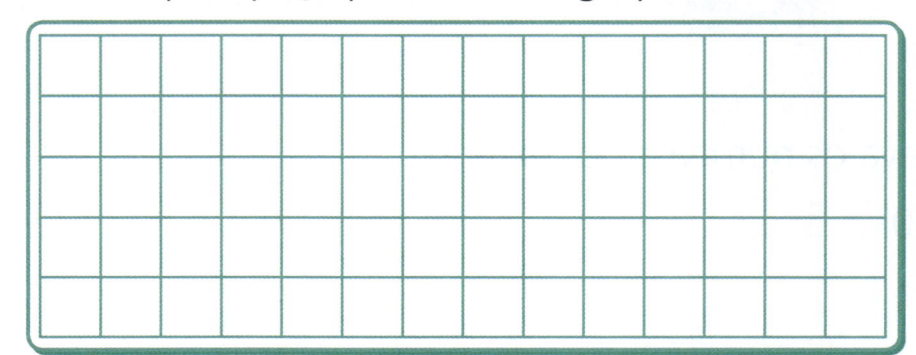

GRAMÁTICA 14 — Tipos de ponto

> VOCÊ SABIA QUE ALGUMAS ESPÉCIES DE GAFANHOTO SABEM NADAR?
>
> ALÉM DE BONS CANTORES E SALTADORES, ALGUNS GAFANHOTOS SÃO, TAMBÉM, EXÍMIOS NADADORES.
> POR ESSA VOCÊ NÃO ESPERAVA, NÃO É MESMO?
> MAS É VERDADE! EXISTEM ESPÉCIES DE GAFANHOTO QUE SABEM NADAR E FAZEM MERGULHOS LONGOS, QUE PODEM DURAR ATÉ UMA HORA. HAJA FÔLEGO!
>
> REVISTA *CIÊNCIA HOJE DAS CRIANÇAS*, N. 182.

Existem três tipos de ponto:

- O **ponto-final** é usado no final de frases afirmativas ou negativas.

    Além de bons cantores e saltadores, alguns gafanhotos são, também, exímios nadadores **.**

- O **ponto de interrogação** é usado no fim de frases interrogativas.

    Por essa você não esperava, não é mesmo **?**

- O **ponto de exclamação** é usado no fim de frases exclamativas.

    Mas é verdade **!**

ATIVIDADES

1 Escreva nos quadrinhos o ponto adequado para dar sentido ao texto.

VAGA-LUME

VOCÊ JÁ REPAROU NAQUELE BICHINHO QUE VIVE PISCANDO DE NOITE ☐

VOCÊ SABE POR QUE OS VAGA-LUMES PISCAM ☐ A VAGA-LUME FÊMEA PISCA PARA AVISAR AO MACHO QUE ELE PODE SE APROXIMAR DELA PARA O ACASALAMENTO ☐ O PISCA-PISCA TAMBÉM SERVE PARA ESPANTAR OS INIMIGOS PORQUE, TODA VEZ QUE A LUZ PISCA, SE PRODUZ UMA SUBSTÂNCIA TÓXICA NO CORPO DO VAGA-LUME ☐ ESTÁ VENDO COMO OS ANIMAIS PODEM SE COMUNICAR PELA LINGUAGEM DO PISCA-PISCA ☐

REVISTA *CIÊNCIA HOJE DAS CRIANÇAS*, N. 22.

2 Observe a figura e crie um diálogo com frases em que você use o ponto de exclamação e o ponto de interrogação.

GRAMÁTICA E ORTOGRAFIA

3 Colabore para a campanha de trânsito. Faça frases afirmativas e negativas para as imagens abaixo.

ORTOGRAFIA 14 — Palavras com h inicial

H

ESTÁ NA HORA, NO HORÁRIO
E NA HISTÓRIA DO HORÁCIO,
QUE ESPERA CONSTRUIR
NO HORIZONTE O SEU PALÁCIO...

MAURICIO DE SOUSA E CRISTINA PORTO.
ABC DA MÔNICA.

PALAVRAS COM H INICIAL

hábito	**h**ipopótamo	**h**orta
hálito	**h**istória	**h**ortaliças
Helena	**h**oje	**h**óspede
hélice	**h**omem	**h**ospício
Hélio	**h**omenagem	**h**ospital
Henrique	**h**onesto	**H**ugo
herança	**h**onra	**h**umilde
herói	**h**ora	**h**umilhar
higiene	**h**orário	**h**umor
Hilda	**h**oróscopo	
hino	**h**orror	

GRAMÁTICA E ORTOGRAFIA

ATIVIDADES

1 Retire da relação de palavras da página 96 o que se pede.

a) nome de animal: _____

b) dois nomes de pessoas: _____

c) nome de lugar para tratar doentes: _____

d) nome de lugar usado para plantar verduras: _____

e) palavra que indica tempo: _____

2 Forme frases com as palavras de cada item.

a) homem – humilde

_____

b) horário – hino

_____

3 Separe as sílabas. A seguir, copie a palavra.

hóspede _____

humilhar _____

honesto _____

hélice _____

horror _____

4 Palavras-cruzadas do **h**.

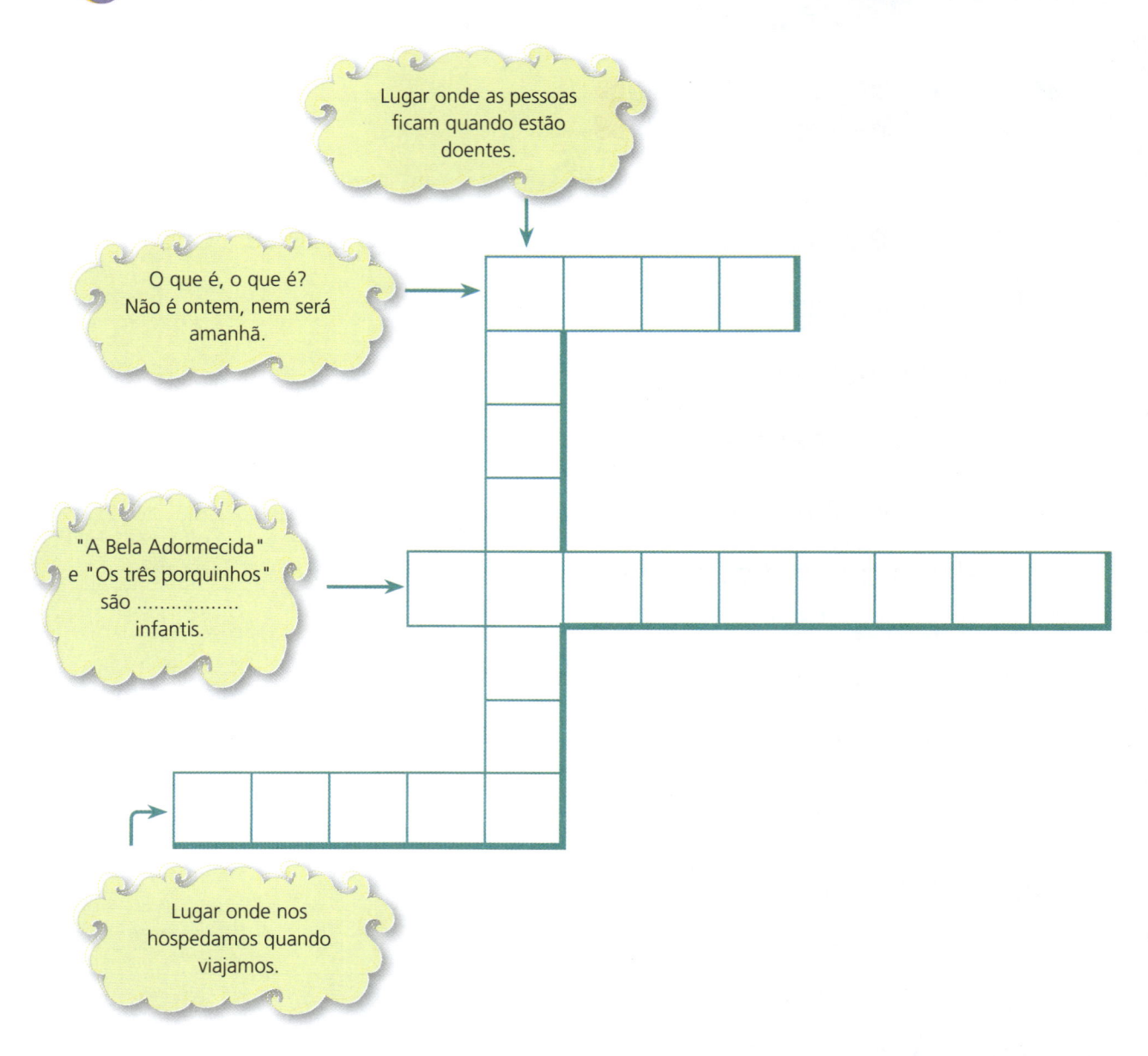

Lugar onde as pessoas ficam quando estão doentes.

O que é, o que é? Não é ontem, nem será amanhã.

"A Bela Adormecida" e "Os três porquinhos" são .... infantis.

Lugar onde nos hospedamos quando viajamos.

5 Complete as frases com as palavras acima.

a) _____ meu amigo foi para o _____ porque estava doente.

b) Gosto de ouvir _____.

c) Na viagem de férias, fiquei em um _____ muito legal.

GRAMÁTICA 15

Características dos nomes

NOMES

ENGRAÇADOS, OS NOMES. NEM SEMPRE SE PARECEM COM AS COISAS. POR EXEMPLO: POR QUE CHAMAR DE CALÇADA A PARTE DA RUA ONDE A GENTE ANDA, SE ESSA PARTE DA RUA NÃO USA SAPATO NEM CALÇA? EM COMPENSAÇÃO, HÁ PALAVRAS QUE PRECISAM SER INVENTADAS. POR EXEMPLO: SACIEDADE PARA QUANDO A GENTE QUISER DIZER UMA SOCIEDADE SÓ DE SACIS, OU PAILHAÇO, QUANDO A GENTE QUISER FALAR DO PAI DO PALHAÇO.

JOSÉ PAULO PAES. *O MENINO DE OLHO-D'ÁGUA*.

Todas as coisas têm um nome.

mesa   bola   carro

ATIVIDADES

1. Encontre no diagrama os nomes pertencentes a cada coluna e complete as listas.

R	C	O	M	O	R	A	M	A	Ç	A	R
E	A	B	A	C	A	T	E	S	A	R	E
S	C	A	R	A	S	A	S	E	I	A	T
I	H	A	P	H	O	T	A	E	R	R	E
C	O	B	R	A	T	U	X	U	V	A	I
E	R	A	E	N	O	P	T	E	A	Z	G
B	R	O	R	É	G	U	A	B	C	I	A
M	O	T	O	T	U	V	A	R	A	O	D
C	M	A	M	Ã	O	R	E	M	O	L	A

NOMES DE ANIMAIS	NOMES DE FRUTAS	NOMES DE OBJETOS

2 Invente outro nome para os objetos abaixo.

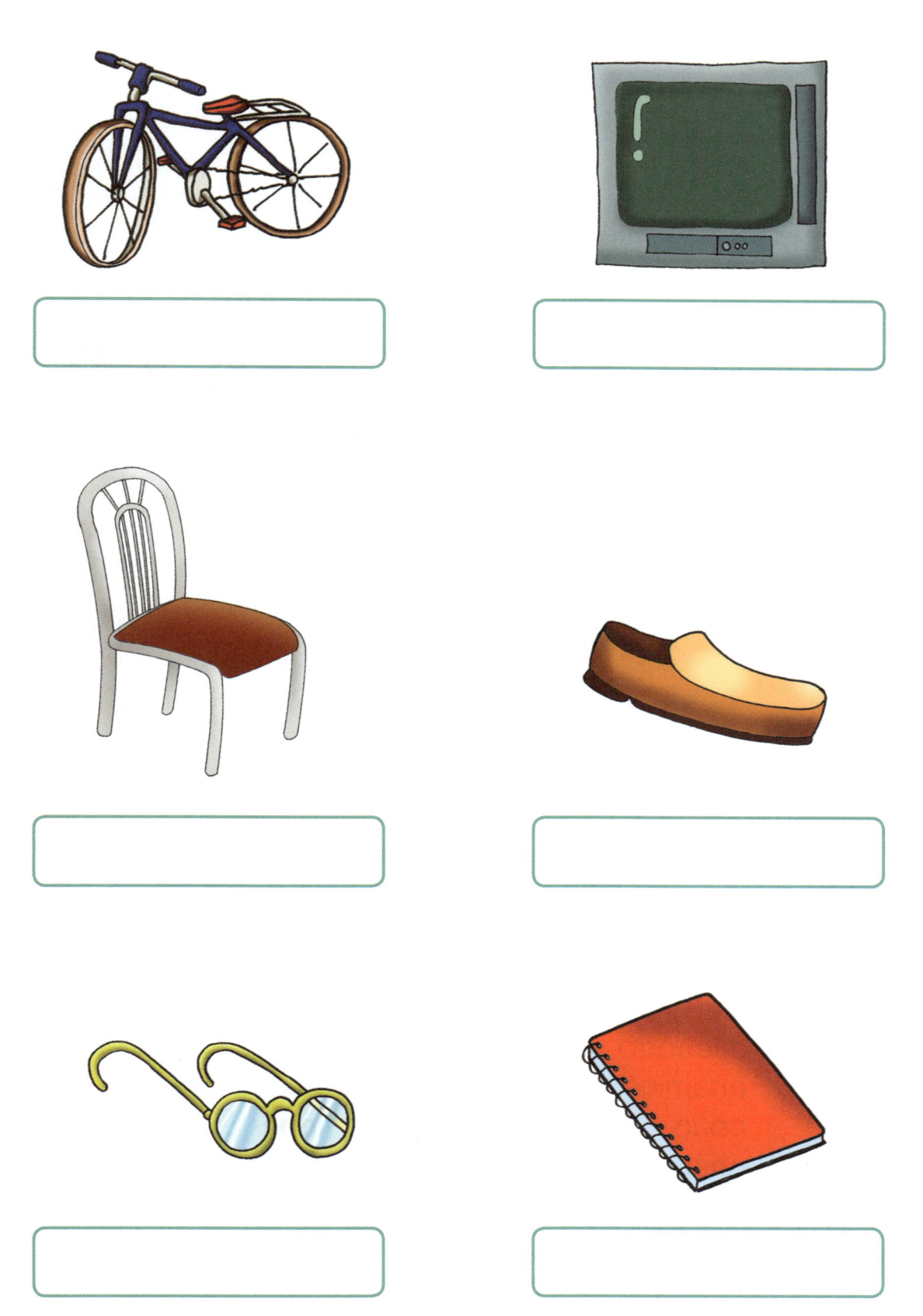

ORTOGRAFIA 15 — Palavras com ch

CHAPÉU DE PALHA

MARINA SEGURA O CHAPÉU,
PARA O CHAPÉU NÃO VOAR.

MAS MARINA DESCUIDOU
E O CHAPÉU VOOU!
QUEM VAI AJUDAR A MENINA?
ELA QUER PEGAR O CHAPÉU,
MAS É TÃO PEQUENINA!

MARY FRANÇA E ELIARDO FRANÇA. *CHAPÉU DE PALHA*

PALAVRAS COM CH

achar	cheiro	chupim
bicho	cheque	chutar
cachorro	chicote	chuva
chaminé	chinelo	fechadura
chão	chocalho	ficha
chapéu	chocolate	flecha
chave	chumbo	lanche
chaveiro	chupeta	machado

ATIVIDADES

1 Escreva o nome das figuras.

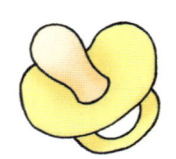

_____   _____   _____

_____   _____   _____

2 Forme uma frase com as palavras de cada item.

a) chuva – cachorro _____

_____

b) lanche – cheiro _____

_____

3 Forme palavras ordenando as sílabas.

| MI | NÉ | CHA | _____

| CHA | FI | _____

| CO | CHO | TE | LA | _____

4 Marina está pertinho de conseguir pegar o seu chapéu. Complete as palavras e ajude-a a fazer o caminho correto: ela só pode ir pelo caminho das palavras escritas com **ch**.

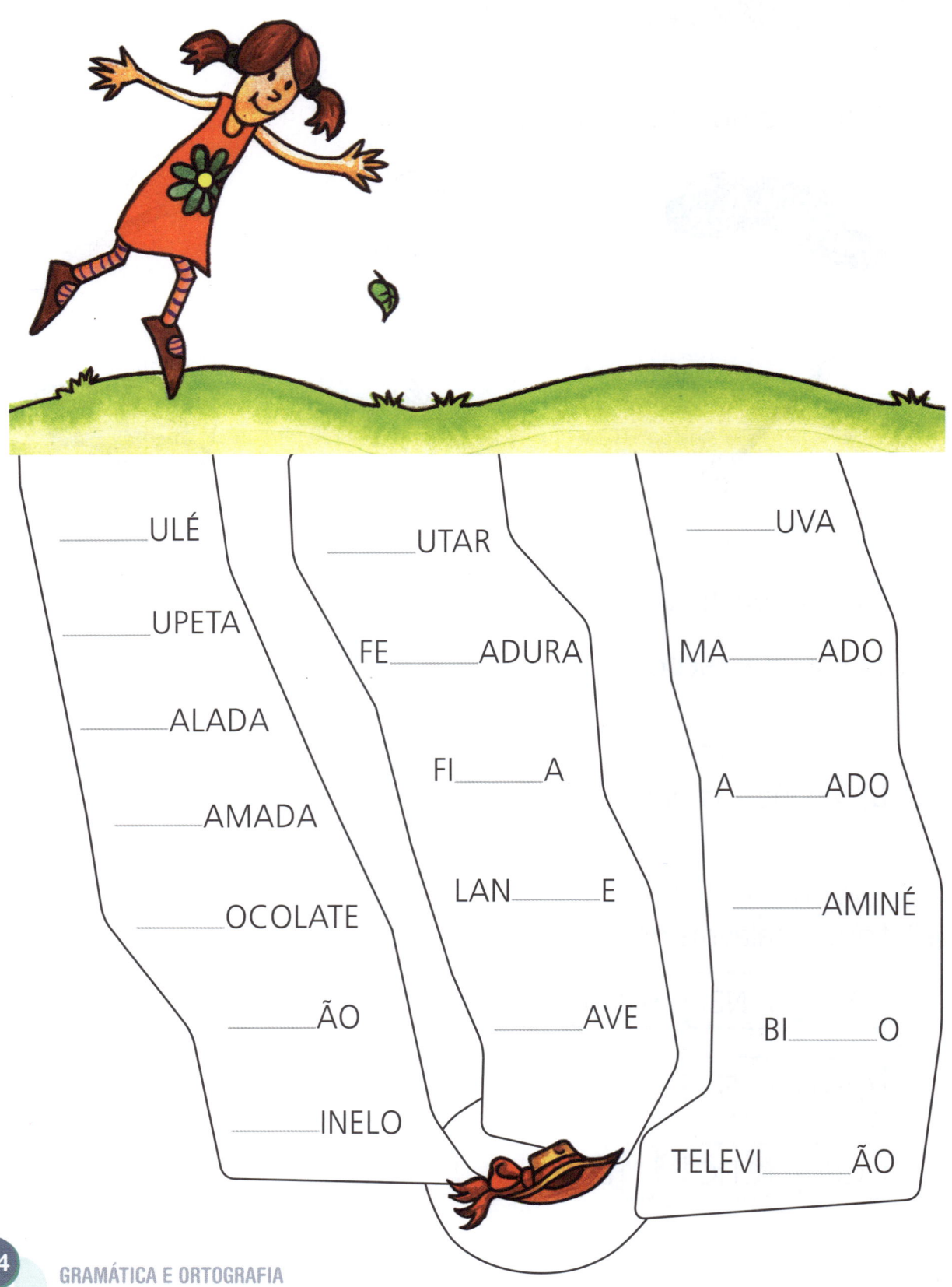

_____ULÉ

_____UPETA

_____ALADA

_____AMADA

_____OCOLATE

_____ÃO

_____INELO

_____UTAR

FE_____ADURA

FI_____A

LAN_____E

_____AVE

_____UVA

MA_____ADO

A_____ADO

_____AMINÉ

BI_____O

TELEVI_____ÃO

GRAMÁTICA E ORTOGRAFIA

GRAMÁTICA 16 — Nome de pessoas

Todas as pessoas têm um nome.
Um nome que pode indicar qualquer pessoa é um **nome comum**.

| menina | menina | menina |

Um nome que pode indicar uma só pessoa é um **nome próprio**.

| Ana | Camila | Luana |

Os nomes próprios são escritos com letra inicial **maiúscula**.

ATIVIDADES

1 Dê um nome próprio a cada um dos nomes comuns.

a) Meu amigo chama-se _____.

b) Minha rua chama-se _____.

c) Minha escola chama-se _____.

d) Minha cidade chama-se _____.

2 Leia o texto abaixo e copie os nomes destacados na coluna certa.

TODO DIA,
NA **ESCOLA**,
A **PROFESSORA**,
O **PROFESSOR**.
A GENTE APRENDE,
E BRINCA MUITO
COM **DESENHO**,
TINTA E **COLA**.

MEUS **AMIGOS**
TÃO QUERIDOS
FAZEM FARRA,
FAZEM FILA.
O **PAULINHO**,
O **PEDRÃO**,
A **PATRÍCIA**
E A **PRISCILA**.

CLÁUDIO THEBAS.
AMIGOS DO PEITO.

NOMES PRÓPRIOS

NOMES COMUNS

GRAMÁTICA E ORTOGRAFIA

3 Complete o poema com nomes de pessoas que rimem com as palavras em destaque.

> VOCÊ CONHECE O _____?
> AQUELE QUE LHE DEU UM **BOFETÃO**?
>
> VOCÊ CONHECE O _____?
> AQUELE QUE PEGOU NO SEU **PÉ**?
>
> VOCÊ CONHECE A _____?
> AQUELA QUE TIROU SARRO DE SUA **CARA**?
>
> VOCÊ CONHECE A _____?
> AQUELA QUE TROCOU SUA **FRALDA**?
>
> VOCÊ CONHECE A _____?
> AQUELA QUE LHE FEZ **CARETA**?
>
> VOCÊ CONHECE O _____?
> AQUELE QUE FEZ SUA **CAVEIRA**?
>
> VOCÊ CONHECE O _____?
> AQUELE QUE LHE DEU UM **PENICO**?
>
> VOCÊ CONHECE O _____?
> CONHEÇO, MAS CHEGA....E FIM!...
>
> ADAPTADO DE JOSÉ ELIAS. *SEGREDOS DE AMOR*.

4 Copie do texto, em ordem alfabética, os nomes próprios que você usou.

ORTOGRAFIA 16 — Palavras com lh

UM
GATO
NO
TELHADO
FAZ
BARULHO
DOIS
GATOS
NO
TELHADO
FAZEM
EMBRULHO

ALMIR CORREIA. *POEMAS MALANDRINHOS*.

PALAVRAS COM LH

abelha	embrulho	mulher	ramalhete
agasalho	espelho	navalha	telha
agulha	filho	olho	telhado
barulho	galho	orelha	toalha
bilhete	ilha	ovelha	velho
coelho	joelho	palha	
colher	milho	palhaço	

ATIVIDADES

1 Reescreva as frases, passando os nomes destacados para o feminino e fazendo a concordância.

a) O **palhaço** tirou da cartola um **coelho**.

_____

b) O **homem** encontrou seu **filho** conversando com um **amigo**.

_____

2 Forme palavras ordenando as sílabas.

a) PE | LHO | ES _____

b) MA | LHE | RA | TE _____

c) LHA | O | RE _____

d) LHO | SA | GA | A _____

e) LHE | BI | TE _____

f) ME | LHO | VER _____

g) A | TO | LHA _____

3 Complete as frases com as palavras do quadro.

> PALHAÇO   VELHO   TOALHA   JOELHO   PALHA
> AGULHA   BARALHO   AGASALHO   ESPELHO

a) O _____ sentou-se em frente ao _____ e enxugou o rosto com uma _____.

b) Aquele homem _____ usa chapéu de _____ e adora jogar _____.

c) Ela pegou a _____ para costurar a calça do _____, que rasgou na altura do _____.

4 Forme palavras trocando o símbolo ♣ por **lha, lhe, lhi, lho** ou **lhu**.

a) joe ♣ _____

b) te ♣ do _____

c) ga ♣ _____

d) verme ♣ _____

e) bi ♣ te _____

f) rama ♣ te _____

g) ove ♣ _____

h) o ♣ _____

i) toa ♣ _____

j) fi ♣ _____

GRAMÁTICA E ORTOGRAFIA

GRAMÁTICA 17 — Nome de animais

Todos os animais têm um nome.

Um nome que pode indicar **qualquer** animal de uma mesma espécie é chamado de **nome comum**.

cachorro   papagaio   gato

Um nome também pode indicar **um só** animal, de maneira específica.

Então dizemos que ele é um **nome próprio**.

Totó   Loro   Xodó

Os nomes próprios são escritos com letra inicial **maiúscula**.

ATIVIDADES

1 Dê um nome próprio para os seguintes animais:

a)

b)

c)

d)

2 Você deve conhecer muitos nomes próprios de cachorros. Escreva cinco.

- _____
- _____
- _____
- _____
- _____

3 Leia esta história em quadrinhos.

Nela, aparecem vários nomes de pessoas. Quais são esses nomes?

_____

_____

_____

ORTOGRAFIA 17 — Palavras com nh

NINHO

O PASSARINHO
CAIU DO NINHO.
CORTARAM A ÁRVORE,
PISARAM O NINHO,
E O PASSARINHO
NÃO TEM MAIS LAR,
NÃO TEM MAIS MÃE,
NÃO TEM MAIS NADA,
NÃO TEM NINGUÉM.

PEDRO BANDEIRA. *CAVALGANDO O ARCO-ÍRIS.*

PALAVRAS COM NH

abobrinha	campanha	marinheiro
amanhece	cozinha	minha
apanhar	fofinho	minhoca
aranha	galinha	nenhuma
banheiro	galinheiro	ninho
banho	lenha	sonho
caminhão	linha	unha
campainha	manhã	vinho

ATIVIDADES

1 Escreva o diminutivo dos nomes.

carro _____   papel _____

luz _____   café _____

pássaro _____   palavra _____

chuva _____   livro _____

2 Ligue as palavras da mesma família.

galinha   cozinheira

mar   lenhador

banho   caminhoneiro

cozinha   galinheiro

lenha   marinheiro

caminhão   banheiro

3 Imagine que você é uma galinha. Conte um pouco de sua vida usando as palavras do quadro.

MANHÃ   GALINHA   COZINHA   MINHOCA   GALINHEIRO

_____

_____

_____

_____

4 Escreva uma conversa entre mãe e filho usando as palavras abaixo.

CAMPAINHA – BANHO – UNHA – BANHEIRO

_____
_____
_____
_____
_____
_____
_____
_____

5 Complete a música com palavras escritas com **nh**.

_____ TÁ NA _____
FAZENDO CHOCOLATE
PARA A _____
MAMÃE ME DISSE
QUE É PECADO
_____ NA JANELA
ESPERANDO NAMORADO.

DOMÍNIO PÚBLICO.

GRAMÁTICA 18 — Letra maiúscula

Será um pássaro? Um avião? O Super-Homem? Nada disso!

É Bolt, um cachorro muito especial. Ele é um herói canino e vence todos os perigos.

Bolt é mascote de uma garota chamada Penny, e os dois formam uma ótima dupla lutando contra o Homem Verde, malvadão que capturou o pai de Penny, cientista que deu a Bolt superpoderes.

REVISTA *RECREIO*, N. 490.

Ao ler o texto, você deve ter percebido que foram apresentados dois personagens: o Bolt e a Penny.

Foi usada a letra inicial maiúscula para indicar:

1º) o começo de frases:

Ele é um herói canino e vence todos os perigos.

2º) os nomes próprios de pessoas.

Bolt é mascote de uma garota chamada Penny, e os dois formam uma ótima dupla lutando contra o Homem Verde, malvadão que capturou o pai de Penny, cientista que deu a Bolt superpoderes.

ATIVIDADES

1 Na história abaixo, algumas palavras deveriam ter sido escritas com letras maiúsculas. Descubra que palavras são essas e reescreva o texto usando as letras maiúsculas no local certo.

> **brincadeira de nuvens**
>
> estava um pôr do sol muito bonito, com nuvens cor de ouro e cor de fogo boiando pelo céu.
>
> na terra, as pessoas olhavam para o céu e diziam:
>
> — olha lá aquela nuvem! parece uma girafa!
>
> — e aquela outra, parece um elefante!
>
> ninguém sabia que eram as fadinhas brincando lá no céu.
>
> ADAPTADO DE LYGIA BOJUNGA NUNES. *A CASA DA MADRINHA*.

2 Leia o texto e circule as letras maiúsculas que aparecerem.

> **Cinderela**
>
> Havia quatro irmãs que viviam numa pequena casa. As três mais velhas usavam vestidos de seda e tinham rendas em todas as saias.
>
> A mais moça, entretanto, andava esfarrapada e fazia todo o serviço da casa. Era, por isso, chamada Cinderela, a Gata Borralheira.
>
> DOMÍNIO PÚBLICO

3 Responda: Qual é o nome da personagem principal da história?

_____

4 Dê um nome próprio para as figuras abaixo.

ORTOGRAFIA 18 — Palavras com am/em/im/om/um

O Estado de S. Paulo

PALAVRAS COM AM
b**am**bu
c**am**po
est**am**pa
l**âm**pada
r**am**pa
s**am**ba
t**am**bor
t**am**pa
v**am**piro

PALAVRAS COM EM
algu**ém**
dez**em**bro
embaixo
embora
empada
empurrão
l**em**brar
ningu**ém**
ont**em**
s**em**pre
t**em**pestade
t**em**po

PALAVRAS COM IM
bolet**im**
cach**im**bo
car**im**bo
importante
jard**im**
jasm**im**
l**im**peza
l**im**po
pat**im**

PALAVRAS COM OM
b**om**
b**om**ba
b**om**b**om**
c**om**prido
ombro
l**om**bo

PALAVRAS COM UM
at**um**
b**um**bo
b**um**b**um**
ch**um**bo
jej**um**
umbigo

ATIVIDADES

1 Escreva os nomes das figuras.

2 Separe as sílabas das palavras e copie-as novamente.

bambolê _____ _____

lambada _____ _____

limpeza _____ _____

compadre _____ _____

bumbo _____ _____

samba _____ _____

ombro _____ _____

marrom _____ _____

3 Complete o quadro escrevendo palavras retiradas dos quadros da página 120.

PARTES DO CORPO	BRINQUEDOS
_____	_____
_____	_____
_____	_____

4 Complete as palavras com **am**, **em**, **im**, **om** ou **um**.

B _____ BU	EST _____ PA	_____ BORA	S _____ PRE
B _____ BA	JASM _____	S _____ BA	BOLET _____
AT _____	_____ PORTANTE	L _____ PADA	C _____ PRIDO
_____ BIGO	ONT _____	JARD _____	S _____ BRA
L _____ PO	V _____ PIRO	T _____ BO	JEJ _____

5 Ajude na campanha para deixar a escola limpa. Escreva uma frase para ser colocada na porta da escola com as palavras **importante** e **sempre**.

GRAMÁTICA 19

A vírgula

PROFISSÃO PERIGO

PARA ALGUNS, ANDAR POR CAMINHOS SEM LUZ ELÉTRICA, ASFALTO, SINAL DE TELEFONE CELULAR OU POSTOS DE GASOLINA PODE SER DIVERSÃO. MAS, PARA OS PILOTOS, COPILOTOS E MECÂNICOS QUE PERCORREM O RALI DACAR, É UMA PROFISSÃO.

O RALI DACAR É UMA CORRIDA DE VELOCIDADE, ENVOLVENDO CARROS, CAMINHÕES, MOTOS E QUADRICICLOS.

FOLHA DE S.PAULO, 28 FEV. 2009.

Ao ler o texto, você deve ter percebido que foi usado um sinal para separar algumas palavras ou grupo de palavras dentro da frase. Esse sinal recebe o nome de **vírgula**.

1. Para alguns**,** andar por caminhos sem luz elétrica**,** asfalto**,** sinal de telefone celular ou postos de gasolina pode ser diversão.
2. Mas**,** para os pilotos**,** copilotos e mecânicos...
3. O Rali Dacar é uma corrida de velocidade**,** envolvendo carros**,** caminhões**,** motos e quadriciclos.

ATIVIDADES

1 Ocorreu uma confusão por aqui! As palavras fugiram das frases! Descubra onde as palavras se encaixam e escreva-as no local adequado, não se esquecendo de usar a vírgula corretamente.

> ALFACE   EDUARDO   BETERRABA   LORENA
> ESPINAFRE   VINÍCIUS   FUTEBOL   AGRIÃO   BOLO
> TELEVISÃO   BRIGADEIRO   REFRIGERANTE   JORNAL

a) Mamãe foi à feira comprar

_____

b) Para meu aniversário vou convidar

_____

c) No meu aniversário terá _____

d) Meu pai gosta de _____

2 Complete as frases com, no mínimo, três itens.

a) Mamãe adora

_____

b) Vou com vovó ao mercado comprar

_____

c) Eu adoro

_____

GRAMÁTICA E ORTOGRAFIA

3 Leia o texto.

O SAPO E A COBRA

ERA UMA VEZ UM SAPINHO QUE ENCONTROU UM BICHO COMPRIDO, FINO, BRILHANTE E COLORIDO DEITADO NO CAMINHO.

— ALÔ! QUE É QUE VOCÊ ESTÁ FAZENDO ESTIRADA NA ESTRADA?

— ESTOU ME ESQUENTANDO AQUI NO SOL. SOU UMA COBRINHA, E VOCÊ?

WILLIAM J. BENNETT. *O LIVRO DAS VIRTUDES.*

Reescreva esse texto trocando as personagens e as características delas.

_____

ERA UMA VEZ _____ QUE ENCONTROU _____.

— ALÔ! QUE É QUE VOCÊ ESTÁ _____?

— ESTOU ME ESQUENTANDO AQUI NO SOL. SOU _____, E VOCÊ?

ORTOGRAFIA 19 — Palavras com an/en/in/on/un

PALAVRAS COM AN
- am**an**te
- **an**dar
- **an**dorinha
- **an**jo
- **an**ta
- **an**tigo
- b**an**co
- c**an**sado
- dur**an**te
- elef**an**te
- j**an**tar
- m**an**ga
- m**an**to
- refriger**an**te
- s**an**to
- visit**an**te

PALAVRAS COM EN
- **en**cantado
- **en**canto
- **en**contro
- **en**costar
- **en**fermeiro
- **en**fezado
- **en**goliu
- **en**gordar
- **en**joo
- **en**rolar
- **en**sino
- **en**t**en**dido
- **en**trada
- **en**xada
- l**en**ço
- m**en**tira
- v**en**tania
- v**en**to

PALAVRAS COM IN
- c**in**to
- c**in**za
- **in**dústria
- **in**fância
- **in**flação
- **in**jeção
- **in**seto
- **in**teiro
- **in**veja
- **in**ventor
- labir**in**to
- m**in**to
- ouv**in**te
- ped**in**te
- p**in**tura
- qu**in**ze
- t**in**ta

PALAVRAS COM ON
- b**on**de
- c**on**tato
- c**on**to
- c**on**tra
- enc**on**tro
- f**on**te
- h**on**ra
- m**on**te
- **on**ça
- **on**da
- **on**tem
- **on**ze
- p**on**te
- p**on**to
- pr**on**to
- t**on**to

PALAVRAS COM UN
- an**ún**cio
- corc**un**da
- f**un**do
- im**un**do
- m**un**do
- seg**un**do
- vagab**un**do
- ass**un**to

ATIVIDADES

1 Ordene as sílabas e forme palavras.

FRI	RE	RAN	TE	GE
TI	MEN	RA
RA	TU	PIN
TRO	CON	EN
DO	BON	SO
JE	IN	ÇÃO
TA	PLAN
VE	JA	IN

2 Escreva um cartaz com as palavras abaixo.

PINTURA   BANCO

3 Copie do texto as palavras escritas com **an**, **en**, **in**, **on** ou **un** e separe as sílabas.

O VENTO
VENTA
E INVENTA
MIL MANEIRAS DE VENTAR:

VENTA FRACO,
VENTA FORTE,
VENTA GOSTOSO
FEITO UM BEIJO ANTES DE DORMIR.

LUÍS CAMARGO.
O CATA-VENTO E O VENTILADOR.

4 Complete a cruzadinha.

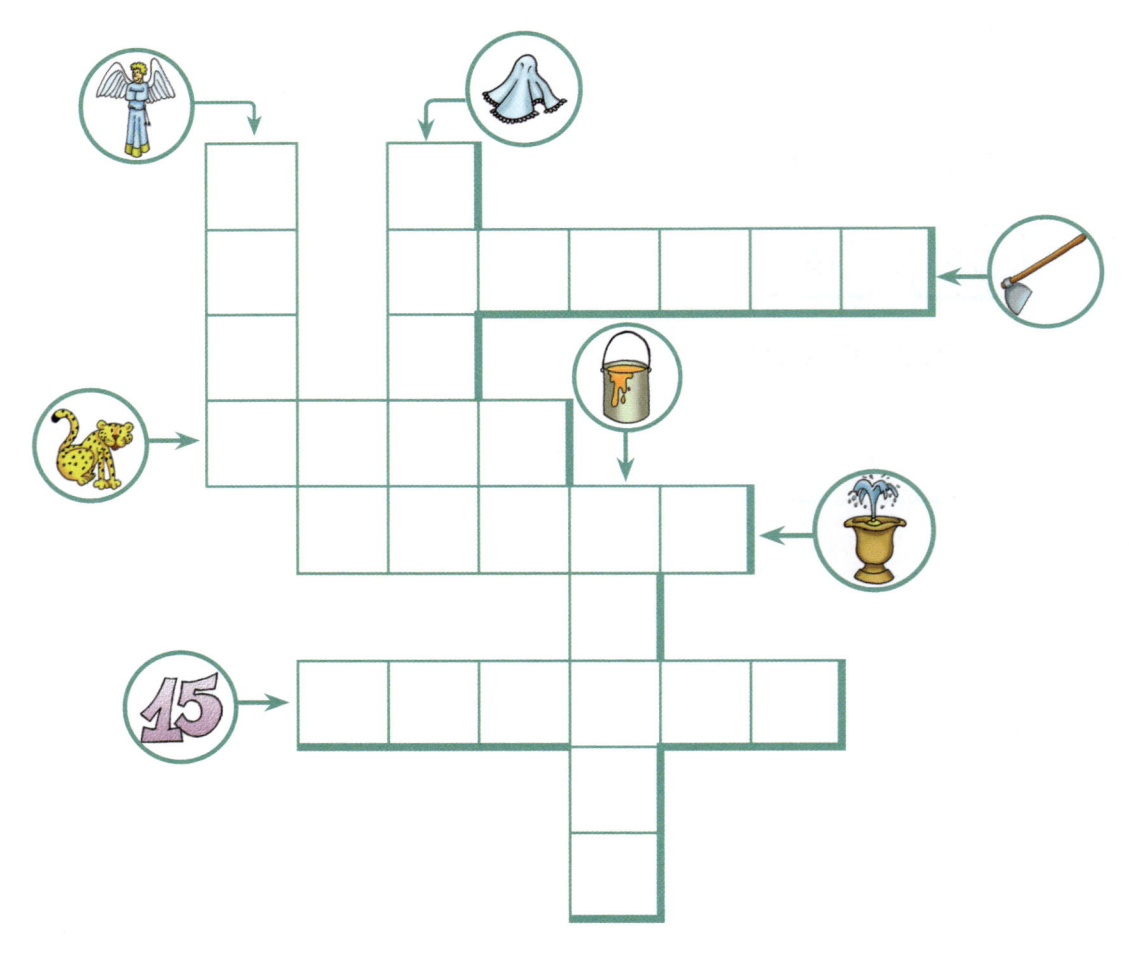

GRAMÁTICA 20

Travessão e dois-pontos

O MÉDICO É O MONSTRO?

O MÉDICO NUNCA ME DISSE:
— SORVETE. TOME SORVETE.
— PICOLÉ, TRÊS VEZES POR DIA.

DOUTOR É CONTRA ALEGRIA.
ADORA REMÉDIO, ADORA INJEÇÃO!
DOUTOR, ORA, DOUTOR...
O CERTO É DOU-DOR, ISSO SIM,
POR QUE NÃO?

CLÁUDIO THEBAS. *AMIGOS DO PEITO.*

Dois-pontos

No texto, foram usados os dois-pontos para anunciar a fala da personagem.

O médico nunca me disse :
— Sorvete. Tome sorvete.

Travessão

O travessão é um sinal colocado antes da fala da personagem.

O médico nunca me disse:
— Sorvete. Tome sorvete.
— Picolé, três vezes por dia.

ATIVIDADES

1 Leia o texto.

> O PATO GORDO VIU O PATO MAGRO.
> O PATO MAGRO OLHOU O PATO GORDO E FALOU
> AH!... EU QUERIA SER UM PATO GORDO.
> O PATO GORDO OLHOU PARA O PATO MAGRO E FALOU
> AH!... EU QUERIA SER UM PATO MAGRO.
> ELES FALARAM COM O GATO E O GATO DISSE
> EU TENHO UMA IDEIA!... AGORA, PATO MAGRO, VOCÊ VAI COMER MUITO DE TUDO E VOCÊ, PATO GORDO, NÃO VAI COMER NADA.
>
> MARY FRANÇA E ELIARDO FRANÇA.
> *PATO MAGRO E PATO GORDO.*

Copie o texto usando corretamente os dois-pontos e o travessão.

_____
_____
_____
_____
_____
_____
_____

2 O que você acha que eles estão conversando no telefone? Escreva um pequeno diálogo entre os dois, mas não se esqueça de usar a pontuação correta.

_____
_____
_____
_____
_____
_____

3 Adivinhe que sinais de pontuação são esses.

a) Sou usado antes da fala das personagens. Eu sou o

_____

b) Sou usado para fazer perguntas. Eu sou o ponto de

_____

c) Sou usado quando se faz uma exclamação. Sou o ponto de

_____

ORTOGRAFIA 20 — Palavras com al/el/il/ol/ul

> MARCHA, SOLDADO,
> CABEÇA DE PAPEL,
> SE NÃO MARCHAR DIREITO
> VAMOS JÁ PARA O QUARTEL...
>
> DOMÍNIO PÚBLICO.

PALAVRAS COM AL
- **ál**cool
- **al**face
- **al**finete
- **al**ma
- **al**to
- anim**al**
- avent**al**
- can**al**
- capit**al**
- cas**al**
- jorn**al**
- litor**al**
- loc**al**
- m**al**
- nat**al**
- ped**al**

PALAVRAS COM EL
- carross**el**
- cascav**el**
- coron**el**
- cru**el**
- fi**el**
- hot**el**
- Isab**el**
- m**el**
- móv**el**
- pap**el**

PALAVRAS COM IL
- an**il**
- Bras**il**
- can**il**
- civ**il**
- f**il**me
- f**il**tro
- fun**il**
- gent**il**
- infant**il**
- juven**il**

PALAVRAS COM OL
- anz**ol**
- b**ol**so
- carac**ol**
- c**ol**meia
- espanh**ol**
- far**ol**
- futeb**ol**
- girass**ol**
- g**ol**pe
- lenç**ol**
- rouxin**ol**
- s**ol**dado
- v**ol**tar

PALAVRAS COM UL
- az**ul**
- m**ul**ta
- p**ul**ga
- Ra**ul**
- s**ul**
- **úl**timo
- v**ul**to

ATIVIDADES

1. Complete as palavras das frases com **al**, **el**, **il**, **ol** ou **ul**.

   a) Nós passamos o Nat_____ no litor_____ s_____.

   b) A capit_____ do Bras_____ é Brasília.

   c) Isab_____ comprou um móv_____ az_____ para colocar na entrada de seu hot_____.

   d) Ron_____do está jogando futeb_____ num time espanh_____.

2. Vamos caçar as palavras que estão no quadro abaixo?

   AVENTAL   NATAL   AZUL   ESPANHOL   MAL
   LENÇOL   ALVO   ALTA   MÓVEL   CASCAVEL

C	D	E	A	L	T	A	B	Á	M	L
A	M	Ó	V	E	L	C	X	L	C	A
Ç	O	L	E	N	Ç	O	L	O	A	L
A	T	I	N	A	Ó	L	A	E	S	R
L	N	A	T	A	L	M	V	A	C	Ó
C	O	D	A	L	V	O	O	M	A	L
A	Z	U	L	Ç	D	N	S	L	V	É
Ó	C	L	S	B	A	L	Ú	R	E	O
L	I	E	S	P	A	N	H	O	L	I

133

3 Una as sílabas e forme palavras.

| AL | EL | FIL | SOL | FU | ME | FI | FA |

| TO | NIL | NE | TE | CE | CRU | DO | DA |

_____ _____ _____

_____ _____ _____

4 Leia o texto abaixo e circule as palavras escritas com **al**, **el**, **il**, **ol** ou **ul**.

O GIRASSOL

SEMPRE QUE O SOL
PINTA DE ANIL
TODO O CÉU
O GIRASSOL
FICA UM GENTIL
CARROSSEL.

– VAMOS BRINCAR DE
CARROSSEL, PESSOAL?
– "RODA, RODA, CARROSSEL
RODA, RODA, RODADOR
VAI RODANDO, DANDO MEL
VAI RODANDO, DANDO FLOR."

VINICIUS DE MORAES.
A ARCA DE NOÉ.

Copie as palavras que você circulou.

_____
_____
_____

GRAMÁTICA 21 — Masculino e feminino

Os nomes podem ser masculinos ou femininos.

Masculinos	Femininos
cachorro	cachorra
menino	menina

Antes de **nomes masculinos**, colocamos **o**, **os**, **um**, **uns**: **o** menino, **os** meninos, **um** menino, **uns** meninos.

Antes de **nomes femininos**, colocamos **a**, **as**, **uma**, **umas**: **a** menina, **as** meninas, **uma** menina, **umas** meninas.

ATIVIDADES

1 Ligue as palavras, unindo o nome masculino ao nome feminino correspondente.

O SOBRINHO	A PATA
O REI	A JAPONESA
O PATO	A CAMPEÃ
O JAPONÊS	A SOBRINHA
O CAMPEÃO	A OVELHA
O CARNEIRO	A RAINHA

2 Reescreva as frases, passando os nomes femininos para o masculino.

a) A filha de minha tia é minha prima.

___

b) Eu sou a melhor aluna de minha professora.

___

c) Em nosso sítio há porcos, galos, bois e alguns coelhos.

___

GRAMÁTICA E ORTOGRAFIA

3 Use **o** antes dos nomes masculinos e **a** antes dos nomes femininos.

- ☐ colégio
- ☐ carroça
- ☐ armário
- ☐ Sol
- ☐ sanduíche
- ☐ caneta
- ☐ sala
- ☐ leão
- ☐ onça

4 Vamos ajudar Noé a encher a arca. Escreva o nome de quem está faltando para a Arca de Noé ficar pronta para partir. Não se esqueça de que os casais devem ir juntinhos.

MASCULINO	FEMININO
	LEOA
GALO	
CARNEIRO	
ELEFANTE	
	PATA
	ÉGUA
BOI	

ORTOGRAFIA 21

Palavras com au/eu/iu/ou

> PICA-PAU NÃO É MAU
> PICA PAU POR DESTINO
>
> LIBÉRIO NEVES. *VOA PALAVRA*

PALAVRAS COM AU
- apl**au**so
- astron**au**ta
- **au**tomóvel
- bacalh**au**
- cac**au**
- m**au**
- ming**au**
- Nicol**au**
- p**au**
- pica-p**au**
- s**au**dade

PALAVRAS COM EU
- at**eu**
- Bartolom**eu**
- br**eu**
- c**éu**
- chap**éu**
- jud**eu**
- m**eu**
- pn**eu**
- r**éu**
- Tad**eu**
- trof**éu**
- v**éu**

PALAVRAS COM IU
- ca**iu**
- fug**iu**
- lat**iu**
- ouv**iu**
- sa**iu**
- sorr**iu**
- v**iu**

PALAVRAS COM OU
- am**ou**
- carreg**ou**
- d**ou**
- est**ou**
- lav**ou**ra
- levant**ou**
- r**ou**b**ou**
- tes**ou**ra
- xing**ou**

ATIVIDADES

1 Ordene as sílabas dos balões e descubra as palavras.

Balão 1: TO / VEL / MÓ / AU

Balão 2: TA / NAU / AS / TRO

Balão 3: SOU / TE / RA

Balão 4: ÇOU / GUE / A

2 Separe as sílabas das palavras e copie-as novamente.

saudade _____ _____

aplauso _____ _____

lavoura _____ _____

outono _____ _____

jaula _____ _____

besouro _____ _____

3 Complete as palavras com **au**, **eu**, **iu** ou **ou**.

a) Nicol_____ e Bartolom_____ são amigos de Tad_____.

b) O chap_____ ca_____ e o pn_____ do carro pass_____ por cima.

c) Ele levant_____ o trof_____ para o c_____ e sorr_____.

4 Procure no diagrama as palavras que completam as frases.

Q	V	Á	R	T	Ç	U	I	O	F
C	A	C	A	U	É	-	C	P	U
E	U	H	-	I	T	I	H	Ç	G
Q	A	U	X	A	R	O	A	L	I
T	R	O	F	É	U	P	P	Ó	U
E	N	R	H	Ú	E	M	É	J	Z
P	I	C	A	-	P	A	U	H	Á
Ó	U	V	E	N	Á	B	J	G	S
A	Ç	M	A	U	Q	U	C	F	D
D	L	U	E	D	S	V	C	É	U

a) O chocolate é feito de uma fruta chamada _____.

b) O _____ do meu avô é muito engraçado.

c) A galinha _____ do galinheiro.

d) O _____ não é _____.

e) O _____ está lindo e estrelado.

f) O _____ que ganhei está na sala de minha casa.

5 Faça uma frase com as palavras abaixo.

LATIU – PAROU – ROSNOU – FUGIU

_____
_____
_____

GRAMÁTICA 22 — Singular e plural

O PÉ DO PAI É QUARENTA,
O PÉ DA MÃE, TRINTA E CINCO,
PARECEM PÉS DE GIGANTE
PARA QUEM SÓ CALÇA VINTE,
POR ISSO O MENINO GOSTA
DE ANDAR NOS SAPATOS DELES
E ENGOLIR EM PASSOS GRANDES
TODA A FOME DE CRESCER
DOS SEUS SAPATOS TÃO CURTOS.

ELZA BEATRIZ. *PARE NO P DA POESIA*.

Os nomes podem estar no singular ou no plural.
O nome **singular** indica **um só** elemento.

pé

O nome **plural** indica **mais de um** elemento.

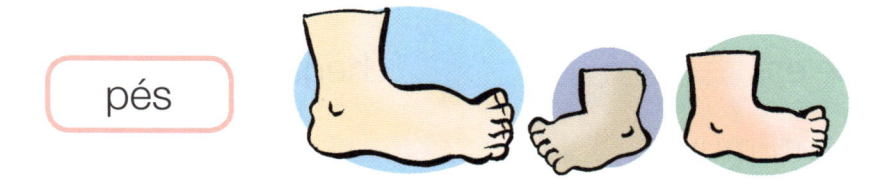

pés

ATIVIDADES

1 Passe para o plural, seguindo os exemplos.

a) o pato bonito   os patos bonitos

a mala cheia _____

o jarro vazio _____

a panela furada _____

b) a flor colorida   as flores coloridas

o mar calmo _____

a cor quente _____

o colar pequeno _____

c) o varal comprido   os varais compridos

o carretel azul _____

o farol fechado _____

o caracol enrolado _____

2 Complete as frases com o plural dos nomes que estão entre parênteses.

a) Aqueles _____ chegaram agora. (trabalhador)

b) Eu senti muitas _____ quando caí da cama. (dor)

c) Nasceram três _____ de minha gata. (filhote)

3 Leia o texto de Vinicius de Moraes.

AS BORBOLETAS

AZUIS
AMARELAS
E PRETAS
BRINCAM
NA LUZ
AS BELAS
BORBOLETAS

BORBOLETAS BRANCAS
SÃO ALEGRES E FRANCAS.
BORBOLETAS AZUIS
GOSTAM MUITO DE LUZ.
AS AMARELINHAS
SÃO TÃO BONITINHAS!
E AS PRETAS, ENTÃO...
OH, QUE ESCURIDÃO!

Agora que você já conhece o poema, vamos reescrevê-lo no singular.

A BORBOLETA

_____
_____
E _____
BRINCA
NA LUZ
A _____
_____

BORBOLETA _____
É _____ E _____.
_____ AZUL
GOSTA MUITO DE LUZ.
A _____
É TÃO _____!
E A _____, ENTÃO...
OH, QUE ESCURIDÃO!

ORTOGRAFIA 22 — Palavras com gue/gui, que/qui

UMA VIAGEM À LUA

DESPEDI-ME DA FAMÍLIA E ENTREI NO FOGUETE.

PUS O CAPACETE DE VIDRO, UMA LANTERNA, UMA GARRAFA COM AR.

LEVANTEI VOO. DEPOIS DE DUAS HORAS JÁ ESTAVA A 2 450 QUILÔMETROS DA TERRA. ENCONTREI ESTRELAS E NUVENS. LÁ SÓ VIA SONHOS À MINHA VOLTA.

ANTÔNIO JOAQUIM DE MATOS. 8 ANOS.

PALAVRAS COM GUE

- al**gué**m
- apa**gue**i
- caran**gue**jo
- car**gue**iro
- fo**gue**ira
- fo**gue**te
- **gue**rra
- **gue**rrilha
- li**gue**i
- man**gue**ira
- nin**gué**m

PALAVRAS COM GUI

- ami**gui**nho
- ce**gui**nho
- es**gui**cho
- **gui**a
- **gui**ncho
- **gui**ndaste
- **gui**tarra
- pre**gui**ça
- se**gui**r

EU QUERIA SER

EU QUERIA SER NA FOME
O MOINHO DE FUBÁ.
[...]
EU QUERIA SER NA SECA
A INUNDAÇÃO.
EU QUERIA SER NA POBREZA
O PÃO SOBRE A MESA
EU QUERIA SER NA FERIDA
A GAZE, O IODO, A VIDA.

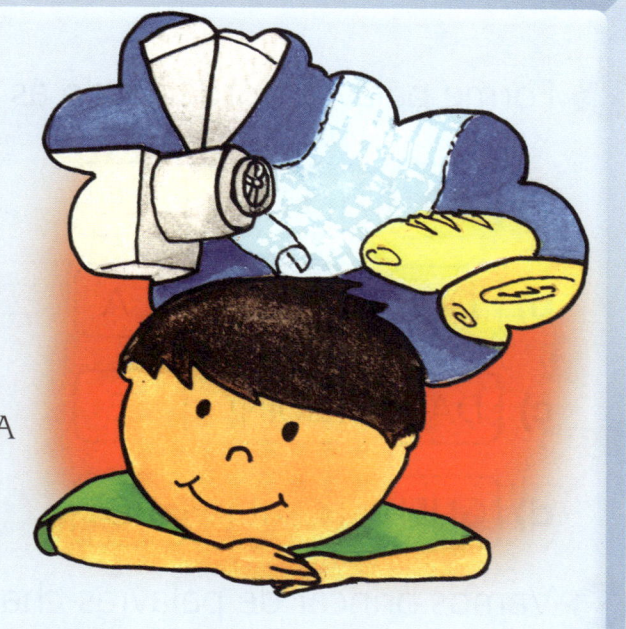

JONE RODRIGUES. *EU QUERIA SER*.

PALAVRAS COM QUE

a**que**le
brin**que**do
caci**que**
fa**que**iro
mole**que**
pe**que**no
queijo
queixo
quentão
querido
quermesse

PALAVRAS COM QUI

a**qui**lo
cane**qui**nha
ca**qui**
fa**qui**nha
peri**qui**to
quiabo
quilo
quilômetro
quintal
quinze

ATIVIDADES

1 Forme palavras, ordenando as sílabas.

a) RA   FO   GUEI _____

b) GUI   PRE   ÇA _____

c) DAS   GUIN   TE _____

d) GUEI   CAR   RO _____

2 Vamos brincar de palavras-chave?

a) Sobe à Lua.

b) Instrumento musical de cordas.

c) Árvore que dá mangas.

d) Corre no nosso corpo e é vermelho.

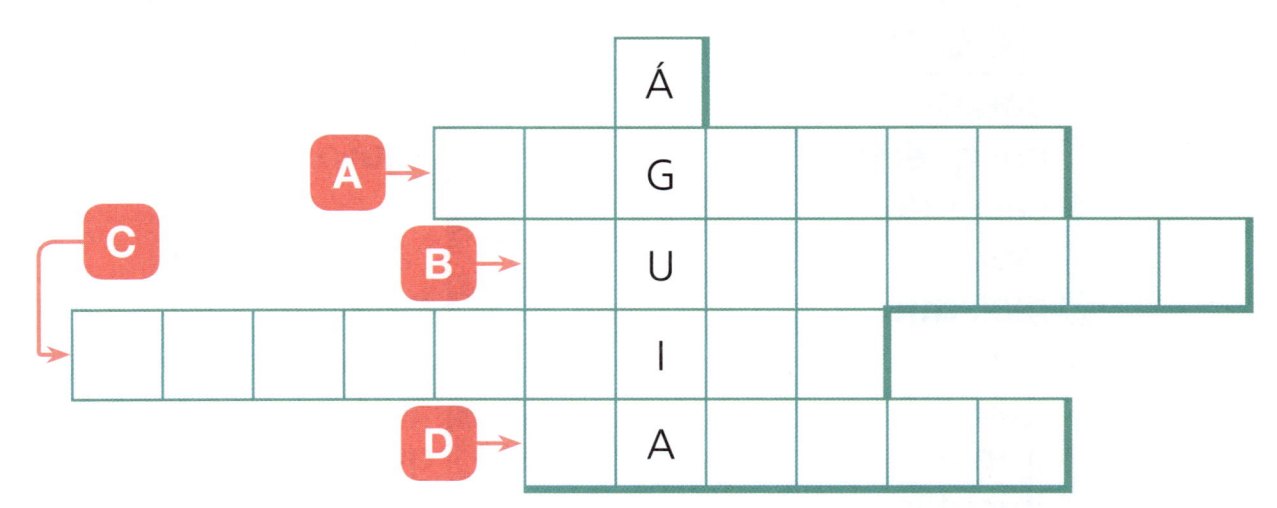

4 Complete com **gue** ou **gui**. A seguir, copie a palavra.

- caran [   ] jo _____
- [   ] rra _____
- al [   ] m _____
- man [   ] ira _____
- [   ] tarra _____

- se [   ] r _____
- [   ] a _____
- es [   ] cho _____
- [   ] ncho _____
- fo [   ] ira _____

5 Separe as sílabas. A seguir, copie as palavras.

quilômetro _____   _____

moleque _____   _____

periquito _____   _____

cacique _____   _____

6 Escreva novamente as frases, mudando apenas a ordem das palavras.

a) Naquela quermesse, ganhei um brinquedo e um faqueiro.

_____

b) Aquele moleque tem no quintal um periquito.

_____

c) Quero um pouquinho de quentão na canequinha.

_____

GRAMÁTICA 23

Características das pessoas

MENINA BONITA

MENINA BONITA É ASSIM:
PELE MORENA
ORELHA PEQUENA
BRILHA COMO ESTRELA
OLHA COMO PRINCESA.
MENINA BONITA É ASSIM:
OLHOS AZUIS
COR DESTA LUZ
JOELHOS PEQUENOS
PÉS MORENOS.

THIAGO SILVA DE CASTRO, 11 ANOS.
SONHO DE CRIANÇA.

Observe as palavras destacadas.

menina **bonita**   pele **morena**   olhos **azuis**

As palavras **bonita**, **morena** e **azuis** comunicam como são os nomes, isto é, comunicam as características dos nomes.

NOME	CARACTERÍSTICA
MENINA	BONITA
PELE	MORENA
OLHOS	AZUIS

ATIVIDADES

1 Leia o texto com atenção.

> ERA UM JARDIM ZOOLÓGICO ENORME.
> COM BICHOS DE PENA E BICHOS DE PELO.
> COM BICHOS MANSOS E FEROZES.
> COM BICHOS PEQUENOS E GRANDES.
> E O MAIOR ERA O ELEFANTE. SÓ QUE O DA NOSSA HISTÓRIA AINDA ERA BEM PEQUENO. UM BEBÊ ELEFANTE.
> BONITINHO E DENGOSO. MAS TAMBÉM TEIMOSO. DE VEZ EM QUANDO, FICAVA FURIOSO. E NESSAS HORAS FAZIA CADA TROMBA...
>
> ANA MARIA MACHADO. *O ELEFANTINHO MALCRIADO.*

3 Complete as frases com as características que estão no texto.

a) O jardim zoológico é _____.

b) Os bichos do zoológico são _____, _____, _____ e _____.

c) O elefante da história era _____, _____, _____ e _____.

d) Às vezes, o elefantinho ficava _____.

4 Ligue o nome à sua característica.

rua	azeda
olhos	colorido
mãos	estreita
laranja	verdes
rio	delicadas
peixe	profundo

5 Complete o texto com as características colocadas no quadro abaixo.

VERMELHA – AZUIS – PRETOS

EU SOU UMA BONECA DE PANO. CABELOS _____, BOCA _____, NARIZ QUE É UM TORRÃOZINHO, OLHOS _____ COMO CÉU SEM NUVEM. EU SOU DE LUÍSA E GOSTO DELA COMO SE GOSTA DO MELHOR AMIGO.

5 Escreva três características para cada figura.

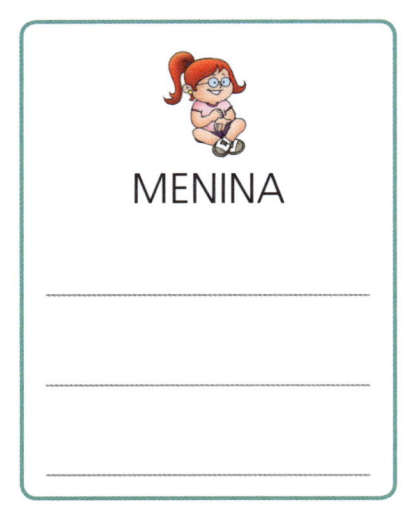

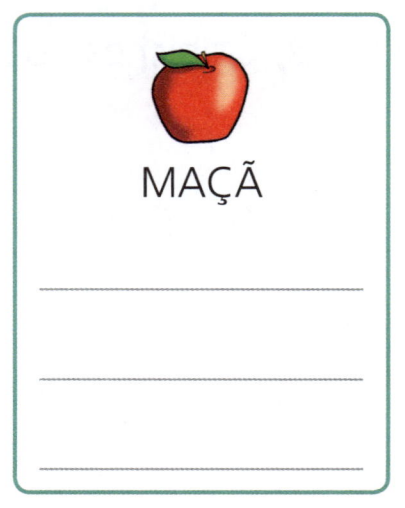

MENINA

CASA

MAÇÃ

GRAMÁTICA E ORTOGRAFIA

ORTOGRAFIA 23 — Palavras com br/cr/dr/fr/gr/pr/tr/vr

PEDRO

SE O PEDRO É PRETO,
O PEITO DO PEDRO É PRETO
E O PEITO DO PÉ DO PEDRO É PRETO.

CIÇA. *O LIVRO DO TRAVA-LÍNGUA.*

PALAVRAS COM BR

a**br**idor	**br**oto	fe**br**e
braço	**br**uto	le**br**e
brasa	co**br**a	po**br**e
briga	co**br**e	so**br**emesa
brilho	cu**br**o	a**br**aço
brim	em**br**ulho	**br**ilhante

PALAVRAS COM DR

droga
la**dr**ão
la**dr**ilho
ma**dr**asta
malan**dr**o
pa**dr**e
pe**dr**a
pe**dr**eiro
qua**dr**o
vi**dr**aça
vi**dr**o

PALAVRAS COM CR

cratera	es**cr**avo
cravo	re**cr**eio
creche	re**cr**uta
creme	a**cr**obacia
crime	A**cr**e
crua	**cr**iativo

PALAVRAS COM FR

chi**fr**e	**fr**ito
co**fr**e	**fr**onha
frase	**fr**onteira
fratura	**fr**ota
frente	**fr**uta
frio	**fr**aco

151

QUEM CHEGOU?

ESCUTEM, MINHAS CRIANÇAS,
A NOITE VEIO CHEGANDO,
A LUA BRILHA NO ALTO, TODA TERRA ILUMINANDO!
OLHEM O CÉU, ESTÁ CHEIO,
DE ESTRELAS A CINTILAR!
VOCÊS NÃO SENTEM NO AR
QUALQUER COISA DIFERENTE?
AS CRIANÇAS PELAS RUAS
BRINCAM COM MAIS ALEGRIA,
LÁ DE LONGE JÁ SE ESCUTAM
SEUS CANTOS E GRITARIA.

EDVETE DA CRUZ MACHADO.
O MUNDO DAS CRIANÇAS.

PALAVRAS COM GR

grade
gralha
grave
greve
grilo
gripe
grosso
grupo
igreja
magro
milagre
tigre
vinagre

PALAVRAS COM VR

lavrador
livraria
livre
livreiro
livro
palavra

PALAVRAS COM TR

atrevido
atropelar
estrago
trabalho
traça
trapo
treino
trigo
troco
trote
trova
atrasado

PALAVRAS COM PR

capricho
compra
praça
praia
prato
preço
prego
presente
presidente
preto
primavera
primeiro
primo
professora
prova
sempre
prisão
privada

GRAMÁTICA E ORTOGRAFIA

ATIVIDADES

1. Leia bem rápido e em voz alta.

> **PADRE PEDRO**
>
> — PEDREIRO DA CATEDRAL,
> ESTÁ AQUI O PADRE PEDRO?
> — QUAL PADRE PEDRO?
> — O PADRE PEDRO PIRES PISCO PASCOAL.
> — AQUI NA CATEDRAL TEM TRÊS PADRES PEDROS PIRES PISCOS PASCOAIS. COMO EM OUTRAS CATEDRAIS.
>
> CIÇA. *O LIVRO DO TRAVA-LÍNGUA.*

2. Invente frases com as palavras de cada item.

   a) braço – vidro

   _____

   b) recreio – fruta

   _____

   c) igreja – praça

   _____

   d) professora – trinco

   _____

   e) palavra – livro

   _____

3 Forme novas palavras acrescentando a letra **r**.

faca ⟶ _____   bota ⟶ _____

cavo ⟶ _____   boca ⟶ _____

pato ⟶ _____   toco ⟶ _____

4 Circule os encontros de consoantes que aparecerem no trava-língua. Depois, brinque com seus amigos.

> PEDRO TEM O PEITO PRETO.
> PRETO É O PEITO DE PEDRO.
> QUEM DISSER QUE O PEITO DE PEDRO NÃO É PRETO,
> TEM O PEITO MAIS PRETO QUE O PEITO DE PEDRO.

5 Complete as palavras com um encontro de consoantes.

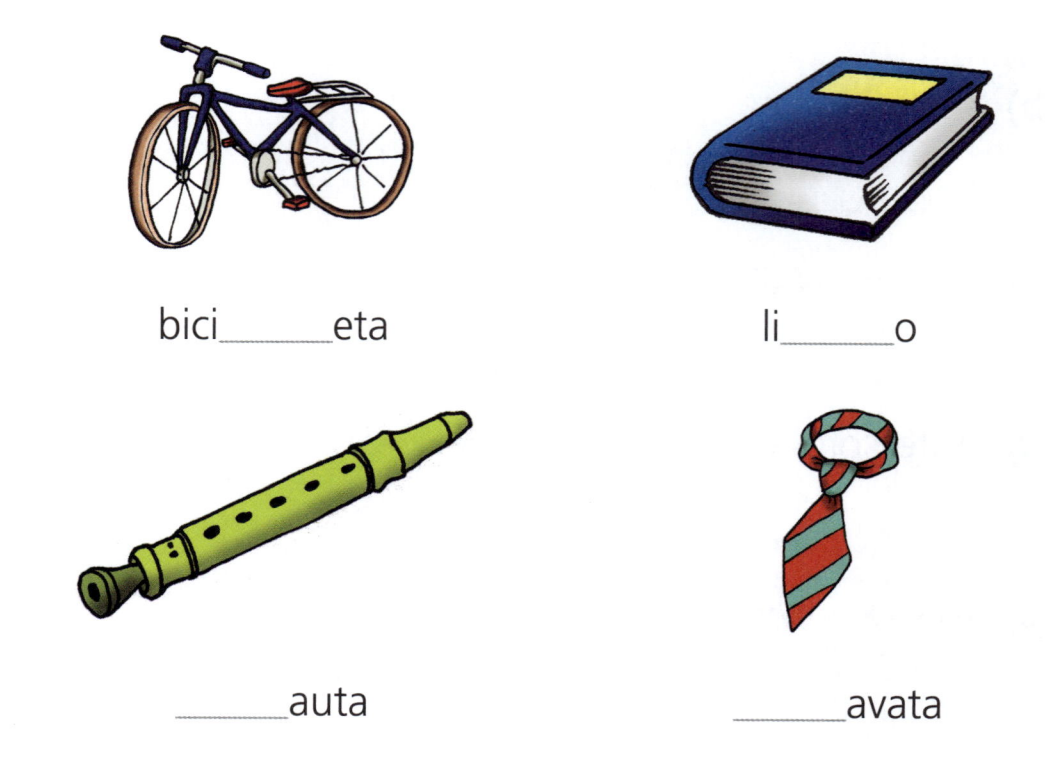

bici_____eta

li_____o

_____auta

_____avata

GRAMÁTICA E ORTOGRAFIA

GRAMÁTICA 24

Palavras que indicam ação

DINGLIN-DINGUES
PARLENDAS

DINGLIN... DINGUES,
MARIA PIRES?
ESTOU FAZENDO PAPA!
PARA QUEM?
PARA JOÃO MANCO.
QUEM O MANCOU?
FOI A PEDRA.
CADÊ A PEDRA?
ESTÁ NO MATO.
CADÊ O MATO?
O FOGO QUEIMOU.
CADÊ O FOGO?
A ÁGUA APAGOU.
CADÊ A ÁGUA?
O BOI BEBEU.
CADÊ O BOI?
FOI BUSCAR MILHO.
PARA QUEM?
PARA A GALINHA.
CADÊ A GALINHA?
ESTÁ PONDO OVO.
CADÊ O OVO?
O PADRE BEBEU.
CADÊ O PADRE?
FOI DIZER MISSA.
CADÊ A MISSA?
JÁ SE ACABOU.

REVISTA *CIÊNCIA HOJE DAS CRIANÇAS*, N. 19.

Observe a palavra destacada.

O fogo **queimou**.

A palavra **queimou** comunica o que o fogo fez. É uma **palavra que indica ação**.

ATIVIDADES

1 O que eles estão fazendo?

_____   _____   _____

2 Invente uma frase para cada ação.

a) morar

_____

b) cantar

_____

3 Leia o texto e circule as palavras que indicam ação.

ALTOS PREPARATIVOS

JOÃO PICA PÃO,
MARIA MEXE ANGU,
TERESA PÕE A MESA,
TIÃO LIMPA O CHÃO,
LIA LAVA A PIA,
HUGO TEMPERA TUDO,
CIDA GELA BEBIDA,

DASDORES ACERTA AS FLORES,
FIA TIRA FOTOGRAFIA
E UM BATALHÃO COMPLETA A AÇÃO.

TUDO NO JEITO,
PRONTINHO E PERFEITO
PRA POSSE DO PREFEITO.

ELIAS JOSÉ. *SEGREDINHOS DE AMOR*.

4 Escreva uma frase informando o que cada uma das personagens está fazendo. Dê um nome para elas.

A

B

C

D

a) _____

b) _____

c) _____

d) _____

ORTOGRAFIA 24 — Palavras com bl/cl/fl/gl/pl/tl

PULGA TOCA FLAUTA,
PERERECA, VIOLÃO;
PIOLHO PEQUENINO
TAMBÉM TOCA RABECÃO.

DOMÍNIO PÚBLICO.

PALAVRAS COM PL
- aero**pl**ano
- **pl**aca
- **pl**anta
- **pl**ástico
- **pl**ateia
- **pl**atina

PALAVRAS COM CL
- bici**cl**eta
- **cl**ara
- **cl**aro
- **cl**iente
- **cl**ima
- **cl**oro
- motoci**cl**eta
- nú**cl**eo

PALAVRAS COM FL
- **fl**anela
- **fl**auta
- **fl**or
- **fl**ora
- **fl**oresta
- in**fl**ação

PALAVRAS COM GL
- **gl**acial
- **gl**ândula
- **gl**icose
- **gl**obo

PALAVRAS COM TL
- a**tl**as
- a**tl**ântico
- a**tl**eta

PALAVRAS COM BL
- **bl**efar
- **bl**indar
- **bl**oquear
- **bl**oqueio
- **bl**usa
- **bl**usão

ATIVIDADES

1 Forme palavras ordenando as sílabas.

a) DRAS MA TA _____

b) BRE ME SO SA _____

c) BA TRA LHO _____

d) CHO CA PRI _____

2 Escreva os nomes das figuras.

_____   _____   _____

3 Separe as sílabas. A seguir, copie a palavra.

a) plástico _____ _____

b) glândula _____ _____

c) inflação _____ _____

d) atlas _____ _____

4 Forme frases com as palavras de cada item.

a) floresta – planta

_____

_____

b) motocicleta – blusão

_____

_____

5 Complete as palavras do texto com encontros de consoantes.

DOROTEIA, A CENTOPEIA

TODO DIA PARECIA FESTA NO CANTEIRO DO JARDIM. MUITAS _____ORES, DE MUITAS CORES.

MUITOS INSETOS, BARULHENTOS E QUIETOS.

FORMIGAS, ABELHAS, BESOURINHOS, BORBOLETAS, _____ILOS, NUM CORRE--CORRE, NUM PULA-PULA, NUM VOA-VOA, PRA LÁ, PRA CÁ […]

[…] MAS UM DOS BICHINHOS ANDAVA MUITO ESQUISITO ULTIMAMENTE.

ERA DOROTEIA, A CENTOPEIA, QUE ANTES ERA BEM ALE_____E E AGORA SÓ SABIA RESMUNGAR. GEMIA E RE_____AMAVA. IM_____ICAVA E SUMIA.

ANA MARIA MACHADO. *O TESOURO DAS VIRTUDES PARA CRIANÇAS.*